,

바쁜 일상에 쉼표를

『Ssoom Manual for the Exhausted Body and Mind』
by Jinkyung Lee
Copyright © Jinkyung Lee, 2025
All rights reserved.
This edition was published in Korea
by Pausa, Paju, South Korea, in 2025.

『피곤한 몸과 마음을 위한 쉼 매뉴얼』
발행일: 2025년 6월 8일
지은이: 이진경
펴낸곳: 파우사Pausa
이메일: thisis.pausa@gmail.com
ISBN: 979-11-993051-1-3

이 책의 저작권은 저자에게 있으며,
어떠한 형태로든 저자의 서면 동의 없이
무단 복제, 저장, 전송, 배포하는 것을 금합니다.

잘 쉬는 삶이, 잘 사는 삶이 되기를 바라며.
Printed with care in Korea.

This book is protected under copyright law.
No part of this publication may be reproduced, stored,
or transmitted in any form or by any means
without prior written permission from the publisher.

Contact
thisis.pausa@gmail.com
Instagram_ @thisis.pausa

피곤한 몸과 마음을 위한 쉼 매뉴얼

이진경 지음

,
프롤로그

프롤로그

지금 뭐 하냐고요? 쉬는 중인데요, 왜요?

화가 많아졌다.

회사 일 때문만은 아니었다.

별일 아닌 말에도 열받고, 조용히 혼자 있고 싶어졌고,

사람을 만나는 자체가 피곤해졌다.

해맑은 편이라 생각했는데, 성격이 더러워졌나 싶었다.

그런데 가만히 들여다보니 그건 쉴 줄 몰라서 생긴 피로였다.

나는 평범하게 살아왔다고 생각했다.

적당히 열심히 일했고, 적당히 잘 놀려고도 했고,

무리하지 않는 선에서 적당히 살았다고 믿었다.

하지만 이상했다.

일상이 지나치게 피곤했다.

돌아보니, 나는 잘 쉰 적이 거의 없었다.

쉼의 시간조차 일정으로 채우고, 놀 때조차 '잘 놀아야 한다'는

강박이 있었다. 계획 없는 주말은 불안했고, 빈 시간을 견디지 못해

새로운 '할 일'을 찾아냈다.

그러다 어느 날,

'왜 이렇게 화가 나지?'라는 질문 끝에 닿은 진실 하나.

나는 제대로 쉬는 법을 몰랐다.

제대로 쉬는게 무엇인가 생각해보았다.

나는 내 에너지를 어떻게 회복하는지, 무엇을 할 때 내 마음이 진짜

편안해지는지를 한 번도 곱씹어 본 적도, 제대로 배운 적도 없었다.

우리는 어릴 때부터 지금까지 열심히 사는 법은 배워왔다.

공부, 취업, 성과, 실적.

하지만 잘 쉬는 법은 아무도 가르쳐주지 않았다.

그래서 나는 지금,

쉼에 대하여 처음부터 다시 배우는 중이다.

이 책은 단순한 힐링 글은 아니다.

'쉼에도 요령과 기술이 있다면, 우리는 그것을 배울 수 있다'는

쉼 선언가의 고백이자 제안이다.

혹시 당신도 일을 안 해도 피곤하고,

놀고 나서도 공허하다면, 아마 '쉼을 잘 몰라서' 그럴지도 모른다.

이 책은 완벽한 쉼을 강요하지 않는다.

다만, 쉼에 서툰 당신이 더는 자신을 미워하지 않기를 바란다.

그래서 말한다.

쉼은 멈춤이 아니라, 더 잘 살아가기 위한 회복의 기술이다.

이 책을 통해 우리 모두가 '자신을 위한 쉼'을 당당히 선택하는 사람이 되었으면 한다. 그리고 그렇게 멈춘 순간이, 당신 삶의 새로운 시작이 되기를 진심으로 응원한다.

이 책은 쉼 없이 달려온 당신에게,
그리고 이제는 잠시 멈추고 싶은 당신에게 바칩니다.

— 잘 쉬는 법을 배우고 있는 사람, 진경

차례

프롤로그 지금 뭐 하냐고요? 쉬는 중인데요, 왜요?_6

쉼 하나. 쉼 없이 달리다, 결국 멈췄다

적당히 사는게 왜 이렇게 피곤할까? _14

괜찮아? 안 괜찮아. 진짜 나와 멀어진 날들_17

일은 미친 듯이, 무너짐은 조용히_22

끝없는 로드트립, 강제로 멈춰진 후 만난 쉼_27

쉼 마저도 잘 해야 한다고 믿었던 나_33

쉼 둘. 잘 쉬는 게 말처럼 쉽지는 않아

쉬고 있다고 착각했던 순간들_40

명상이 불편한 사람도 있습니다_44

여행을 떠났는데 더 피로하다니_48

쉼도 연습이 필요해_54

남들 말고, 나한테 맞는 쉼_58

쉼 셋. 쉼의 레시피는 각자 다르다

루틴에 갇혀 살아도 내 인생_65

감정을 다루는 일을 하는 사람들_70

몸이 고장나기 전에 알아차리기_76

몰입하는 일에 빠져 죽지 않기_81

변화하는 나와 함께 달라지는 쉼_85

사실, 개인의 결심만으로는 어려운 쉼_90

쉼 넷. 오늘의 쉼, 당신의 선택은?

당신은 오늘 어떤 쉼이 필요한가요?_97

10가지 쉼의 유형_100

각자의 쉼이 빛나는 순간_133

쉼 다섯. 쉼의 태도를 실천하다

오늘 하루, 쉼을 기록 해볼까요?_138

(Action Plan 1 - 나의 쉼 패턴을 발견하는 첫걸음)

나는 어떤 쉼이 어울리는 사람일까?_142

(Action Plan 2 - 쉼 유형을 알아보는 셀프 테스트)

내게 맞는 일상의 쉼 루틴 만들기_143

(Action Plan 3. - 쉼 유형별 실천 가이드)_151

,
쉼 하나

쉼 없이 달리다, 결국 멈췄다

멈춤은 실패가 아니라, 회복의 신호

적당히 사는게 왜 이렇게 피곤할까?

평범하게 살아왔다고 생각한다. 특별히 도전적이지도 않았고, 무기력하지도 않았다. 하고 싶은 일이 있으면 시도해 보고, '아, 이건 이래서 안 되겠네' 하고 빠르게 결론 내리는 스타일이었다. 스스로를 '적당히' 사는 사람이라 여겼다. 그런데 이상했다. 그렇게 적당히 사는데도 늘 피곤했다.

돌이켜 보면, 나는 '쉰다'는 개념을 진지하게 고민해 본 적이 없었다. 무언가를 해야만 안심이 됐고, 가만히 있으면 불안했다. 그래서 쉬는 시간조차 일정으로 채웠다.

여행을 가도 즉흥적인 여행보다는 '잘 노는' 여행을 계획했다. 항공권과 숙소는 철저히 비교하고, 동선은 최대한 효율적으로 짜며,

맛집 리스트까지 준비했다. 그냥 쉬는 게 아니라 '완벽하게 즐기는' 여행을 해야 했다. 그래야 후회하지 않을 것 같았다.

하지만 점점 이상했다. 좋은 곳을 가고, 맛있는 걸 먹고, 멋진 풍경을 보는데도 예전처럼 완전하게 즐겁지 않았다. 그리고 일상으로 돌아오면 원점으로 돌아왔으며 그에 따른 피로가 몰려왔다. 이유가 무엇일까?

그러던 어느 날, 회사에서 돌아와 집에 누워 있는데 문득 이런 생각이 들었다.

"나 정말 별일도 없고, 적당히 사는데 왜 이렇게 피곤할까?"

나는 미친듯이 바쁘게 사는 사람만 번아웃이 오는 줄 알았다. 하지만 번아웃은 단순히 일이 많아서 오는 것이 아니었다. 쉼 없이 달리는 사람도 지치지만, 쉼의 의미를 모르는 사람도 지친다. 그리고 나는 후자였다. 나는 내 삶을 꽉 채우는 법은 잘 알았지만, 비워내는 법을 몰랐다.

우리는 어릴 때부터 열심히 사는 법은 배워왔다. 공부하고, 취업 준비하고, 실적을 내는 법은 익숙하다. 하지만 '잘 쉬는 법'은 배운 적이 없다. 쉬는 게 단순한 휴식이 아니라, 지속 가능한 삶을 위한 필수 기술이라는 것을 너무 늦게 깨달았다. 그래서 나는 지금, 다시 처음부터 쉼을 배워보기로 했다.

단순히 빈둥거리는 것과 진짜 회복하는 것은 다르다는 걸 이제는 안다.

가짜 쉼에 속지 않기 위해, 진짜 쉼을 배우기 위해, 나만의 방식으로 다시 시작해보려 한다.

쉼 없이 살아온 삶의 피로가 이제야 실감이 난다. 나는 그동안 '잘 살기 위해' 쉼을 참아왔지만, 이제는 '살아남기 위해' 쉼을 배우려 한다. 누군가는 아직도 쉼을 사치라고 생각할지 모른다. 하지만 나는 쉼이야말로 가장 필수적인 생존 기술이라고 믿는다.

우리는 달리는 법을 너무 잘 배웠다. 이제는 멈추는 법도 배워야 한다. 잘 쉬지 않으면, 아무리 달려도 끝에는 탈진과 무력감만 남는다.

그러니 이제부터는 '제대로' 쉬어보려 한다. 이 책은 그 첫 시도이자 기록이다.

괜찮아? 안 괜찮아. 진짜 나와 멀어진 날들

쉬고 있을 때는 '척'하지 않아도 된다.

언제부터였을까. 사람들 앞에서 웃으며 이야기하는 것이 피곤해지기 시작한 것이.

나는 원래 이런 사람이 아니었다. 엄청나게 사교적인 성격은 아니었지만, 사람들과 어울리는 걸 좋아했고, 밝은 에너지를 주는 사람이라 믿었다. 그런데 어느 순간부터 내 표정이 어색해졌다.

딱 그거였다. 20대 초반, 피곤한 사회인의 웃음을 보며 느꼈던 이질감. "좋은 하루 되세요."하는 기계적인 미소.
겉으로 온화한 친절을 유지하지만, 그 안에는 의무감이 숨어 있었다. '저분 참 친절하신데 왜 저렇게 힘들어 보이지? 저 사람의 사회적 역할인가?'라고 생각하던 그 모습이 이제는 내 모습이 되었다.

나는 지금 이 순간을 진짜로 즐기고 있는 걸까 아니면 사회적 인간 친화력 버전 2.0으로 업데이트된 채 연기하고 있는 걸까? 나같은 사람들에게만 해당될 수 있지만, 가끔은 내가 AI보다 더 정교하게 프로그래밍 된 로봇 느낌이다. 적당히 웃되 가볍지 않게, 진지하되 지루하지 않게, 유쾌하되 너무 친해지지는 않게. 거리감을 유지하되 싸가지 없어 보이지 않게. 이건 생각보다 고된 작업이었다.

나는 언제나 균형을 유지해야 한다고 믿었다. 나대지 않으면서도 위축되지 않고, 친절하되 잘난 척은 하지 않으며, 예의를 지키되 만만해 보이지 않게. 피곤해 보이면 '일하기 싫어 보일까' 걱정되고, 너무 밝으면 '가벼운 사람처럼 보일까' 신경 쓰였다. 자신감 있어 보이되 거만하지 않게, 모르는 게 있어도 과하게 당황하지 않게, 여유롭되 반응은 잘 보여야 한다고 생각했다.

지금 이렇게 쓰면서도 피곤하다. 누가 시킨 것도 아닌데 왜 나는 나 자신을 이렇게 가두며 살아왔을까? 아마도 내가 원래 이런 걸 자연스럽게 해내지 못하는 사람이란 걸, 나 스스로 너무 잘 알고 있었기 때문일 것이다.

어렸을 때부터 이상하게도, 나는 친절하게 행동해도 상대가 오해하거나 상처받는 일이 잦았다. 예를 들어, 친구가 "화장실 같이 가자"고 했을 때 나는 그냥 "난 안 가고 싶어"라고 했고, 그 친구는 나를 멀리했다. 지금 생각하면, 그 말이 '나 너랑 친해지고 싶어'라는 표현이었다는 걸 너무 늦게 깨달았다.

이렇게 속뜻을 이해하지 못하는 일은 내 삶에서 아주 자연스럽게 반복되었다. 중학교 수학 과외 시간, 선생님이 "너는 키 큰 걸로 대학 갔으면 서울대 갔겠다"고 했을 때도, 나는 무표정으로 "선생님은 키로 대학 가면 초졸이예요."라고 되받아쳤다. 그 순간 교실은 정적에 휩싸였고, 친구들은 웃음을 참느라 몸을 떨었다. 선생님은 미묘하게 웃는 듯 굳은 표정으로 아무 말 없이 교실을 나갔다. 그날 이후로 그 선생님은 나를 꽤 싫어하게 된 것 같다.

지금의 나라면 '아~ 그러면 너무 좋겠네요! 서울대 가고 싶어요~' 하고 받아쳤겠지만, 그때의 나는 그냥 정보 처리에 따른 피드백에 충실했다. "응? 내가 키가 크다는 뜻이구나. 그리고 선생님은 작구나." 그걸 깨닫자마자 아무런 필터 없이 말해버렸다. 완벽한 사회성 결여의 순간이었다.

그렇게 나는 학창 시절 내내 사회적 배려에 서툴렀고, 말귀를 잘 못 알아들었다. 그러다 사회생활을 하며 조금씩 눈치를 배우게 되었고, 지금은 스스로 눈치 100단이라고 믿고 있다. 하지만 본래 성향이 아니니, 어느새 그 눈치 보기 자체가 피로의 원인이 되었다.

가장 답답한 건, 그렇게 피곤함을 느끼면서도 내가 무슨 극한의 노동을 하는 건 아니라는 점이다. 그냥 남들과 같은 직장인의 삶을 살고 있다. 그런데도 퇴근 후엔 침대와 하나가 되어 방전된다.

나는 여가를 즐긴다고 생각했지만, 사실은 침대에 누워 넷플릭스를 틀어놓고 멍하니 화면만 보거나 휴대전화를 스크롤 하며 친구들에게 릴스를 보내는 것이 전부였다. 그걸 '쉼'이라고 착각하고 있었다. 하지만 지금 돌아보면, 나는 쉬고 있었던 게 아니라 점점 소진되고 있었다.

진짜 쉬는 건 그런 게 아니었다. 무기력하게 누워 있는 것과 몸과 마음을 회복하는 쉼은 전혀 다르다. 그리고 나는 이제서야 진정 그것을 깨달았다.

이제는 민폐 끼치지 않는 선에서, 나답게 사는 것이 최고라는 걸 안다. 내가 여전히 균형을 고민하면서도 나 자신을 잃지 않으려는 것처럼, 내 안의 당당함도 살아 있다. 지금은 잠시 숨어 있을 뿐, 언젠가 숨을 고르고 다시 모습을 드러낼 순간이 올 것이다.

-

오늘의 쉼 Tip

- 오늘 하루, '아무 역할도 수행하지 않아도 되는 시간'을 10분 만들어보세요.
- 척하지 않고도 안전하다고 느껴지는 공간을 하나 떠올려보세요.

일은 미친 듯이, 무너짐은 조용히

완전히 자랑할 만한 것은 아니지만, 나는 '프로 이직러'다. IT 엔지니어로 시작해 더 나은 환경과 기회를 찾아 회사를 저글링하듯 옮겨 다녔다. 첫 인턴 때 작은 월급에서 시작해 IT기업, 외국계 기업, 스타트업 까지 다양한 곳을 거쳤고, 나름 프로젝트를 성공적으로 마치며 이직을 반복한 끝에 연봉도 몇 배로 뛰었다. 하지만 그에 비례해 업무량과 책임도 기하급수적으로 늘어났다.

익숙해질 만하면 더 어려운 과업이 주어졌고, 커뮤니케이션은 언제나 도전이었다. 한 회사에 완전히 적응한 사람들을 보면 경외심이 들 정도였다. 내가 문제인 건지, 회사라는게 원래 그런 건지 헷갈릴 정도로 크고 작은 어려움이 이어졌다. 때로는 팀장님이

갑자기 퇴사해 업무를 전부 떠맡아야 했고, 때로는 독특한 사고방식을 가진 동료와의 마찰로 정신적 소모도 컸다.

그래도 엔지니어로 일할 때는 훨씬 나았다. 많은 사람을 상대할 필요가 없었기 때문이다. 하지만 IT 심사원으로 전직하면서 상황은 완전히 달라졌다. 이제는 전국 수많은 회사를 방문하며 IT 감사를 수행하고, 처음 보는 사람들과 인터뷰하며 보고서를 작성하는 일이 일상이 되었다.

출장지는 국내외를 가리지 않았다. 대한민국 사람이라면 누구나 아는 삼성, 현대 같은 굵직한 대기업부터, 기발한 비즈니스 모델을 실험하는 스타트업까지.

대부분 수도권이었지만, 어느 날은 태어나서 한 번도 가본 적 없는 지역을 향해 수백 킬로미터를 직접 운전해가며 전국을 누볐다.

그 와중에도 나는 '온전한 나만의 시간'을 갈망했다. 그래서 러시아워를 피해 새벽 다섯 시에 일어나, 낯선 동네 카페에서 여유롭게 커피를 마시며 하루를 준비하고는 했다. 지금 생각해보면, 그 순간들이 오히려 내게 가장 깊은 쉼이었다.

이직을 위해 자격증도 취득했다. IT 관련 자격증, 스터디, 영어 실력 향상을 위해서 회화, 대학원 석사 과정까지. 정말 하루 24시간이 부족할 정도로 쉼 없이 달려왔다. 그렇게 달린 만큼 성장과 보상도 따랐지만, 어느 순간부터 내 삶이 점점 희미해졌다.

초기에는 성취감이 있었다. 배우고 기여하며 빠르게 성장했고, 보상도 따라왔다. 하지만 시간이 지날수록 마음은 점점 공허해졌다. 어느 정도 이뤘다고 생각하는 순간에도 '다음 목표는 뭘까'라는 생각이 머릿속을 맴돌았다. 주말에도, 여행 중에도 내 머릿속은 다음 스텝을 고민하고 있었다.

그러던 어느 날, 당일치기 출장 후 밤 비행기로 돌아오는 길. 창밖을 멍하니 바라보며 문득 이런 생각이 들었다.

'나는 지금 어디로 가고 있는 걸까?'

성취는 있었지만 마음 한구석이 텅 비어 있었다. 몸과 정신은 한계에 가까워졌지만, '지금까지 버텼으니 여기서 멈추긴 아깝다'며 애써 무시했다. 그렇게 또 버텼다. 하지만 어느 순간, 나는 '버티는 중'이 아니라 '무너지고 있던 중'이라는 걸 깨달았다.

쉼은 단순히 아무것도 하지 않는 것이 아니었다. 오히려 쉼은 내가 진짜 원하는 삶을 살기 위한, 나 자신을 회복시키는 필수 과정이었다. 우리는 종종 쉼을 게으름이나 나약함으로 오해한다. 하지만 진짜 쉼은 더 단단한 나를 위한 준비다. 바쁘게 달리기만 하면 결국 방향을 잃게 된다.

그래서 나는 이제 제대로 쉬기로 했다. 처음엔 불안했다. 쉬는 동안에도 뭔가를 해야 할 것 같은 마음이 들었다. 하지만 점차 깨달았다. 진짜 쉼은 '하지 않음'이 아니라, '나에게 집중하는 시간'이라는 것을. 단순히 멈추는 것이 아니라, 나를 위해 멈출 줄 아는 힘이 필요하다는 것을.

나는 이제 더 이상 쉼을 미루지 않는다. 바쁜 일상 속에서도 의식적으로 쉼을 챙기려 노력한다. 사실 우리는 모두 쉼의 중요성을 알고 있다. 하지만 할 일에 쫓기다 보면 금세 잊게 된다. 이 글을 읽는 당신이 이 문장을 읽는 지금만큼은 잠시 멈추어 숨을 고르길 바란다.

쉼은 나약함이 아니다. 오히려 더 단단한 나를 만들어가는 가장 확실한 방법이다.

오늘의 쉼 Tip

- 이번 주에 '아무것도 하지 않는 시간'을 캘린더에 블록처럼 예약해보세요.
- "나는 지금 어디로 가고 있는가?"라는 질문을 조용히 자신에게 던져보세요.

끝없는 로드트립, 강제로 멈춰진 후 만난 쉼

오랫동안 엔지니어로 일하며 여러 회사를 거쳐 왔다. 새로운 기회가 생길 때마다 더 나은 조건을 좇아 이직했고 어느새 이직은 자연스러운 루틴이 되었다. 그러다 예전부터 해보고 싶었던 직무인 보안 인증 심사원이라는 역할을 선택하게 되었다. 직접 IT 감사를 수행하며 다양한 기업을 방문하고, 그들의 보안 체계가 국제 표준에 부합하는지를 검토하는 일. 단순한 체크리스트 검토가 아니라, 각 부서의 담당자들을 인터뷰하며 실제 프로세스를 깊이 들여다보고 비효율적이거나 개선이 필요한 부분을 짚어내는 일이었다.

짧은 시간 안에 기업 하나의 시스템을 파악하고, 문제를 분석하는 과정은 마치 대형 퍼즐을 푸는 것 같았다. 단 하나의 정답이 있는 퍼즐이 아니라, 다양한 접근과 해석이 가능한 복합적인 퍼즐.

20대에 이런 기회를 얻는 건 흔치 않았기에 나는 감사했고, 기업의 경영 구조와 비즈니스 모델을 가까이에서 관찰할 수 있다는 점이 매력적으로 다가왔다.

하지만 현실은 녹록지 않았다. 나는 그 당시 경기도 북쪽 끝에 살았고, 배정되는 기업들은 대부분 남쪽에 몰려 있었다. 처음엔 수도권 내라 생각하며 여유 있게 출발했지만, 몇 번의 극심한 정체를 겪은 후 새벽 다섯 시에 하루를 시작하는 것이 일상이 되었다.

도착한 도시들은 늘 낯설었다. 이른 아침, 간판 불빛이 희미한 거리 위에서 나는 조용히 숨을 고를 장소를 찾았다. 그렇게 나만의 카페를 찾는 일이 루틴이 되었고, 따뜻한 커피 한 잔과 조용한 음악 속에서 하루를 준비하는 시간이 내 안의 작은 쉼이 되었다.

처음에는 어색했지만 점차 그 시간이 없으면 허전해졌고, 그 공간과 루틴이 내 일상에 스며들었다. 낯선 도시에서 익숙함을 만들어가는 그 짧은 순간들이야말로 진짜 회복의 시간이었음을 이제는 안다.

가끔은 예전에 같이 공부했던 친구들, 전 직장동료들과 마주쳤고 그들과의 대화는 내가 하는 일의 의미를 되새기게 했다. 하지만 쌓여가는 피로는 점점 내 몸을 갉아먹었다. 매일 낯선 환경에서 인터뷰와 보고서에 몰두하는 삶. 그렇게 몇 달을 달리던 어느 날부터인가, 자는 도중 숨이 막히는 듯한 증상이 나타났다.

처음엔 피로 때문이겠거니 생각했지만, 결국 병원을 찾게 되었고 목에 5cm가량의 혹이 있다는 진단을 받았다. 특정 각도에서 기도를 누르며 호흡을 어렵게 했을 가능성이 있다는 말에, 문득 등줄기가 서늘해졌다.

당연히 바로 수술을 받게 될 줄 알았다. 하지만 현실은 생각보다 단단했다. 몇 달 전부터 잡혀 있던 심사 일정과 한정된 인력 탓에 쉽게 자리를 비울 수 없었다. 그리고 다행히 악성 종양은 아니라고 밝혀져서, 나 역시 '조금만 더 미뤄도 괜찮겠지' 하며 수술을 미뤘다. 그렇게 진단을 받은 봄이 지나, 가을이 다가와서야 수술을 받을 수 있었다.

수술 직전 해외 심사까지 무사히 마친 뒤, 길게 연차 사용을 얻어낸 나는 곧장 한국으로 돌아오지 않았다. 하루쯤은 나를 위해 써도 괜찮을 것 같았다. 그렇게 스스로에게 핑계를 대며, 현지에 조금 더 머물러 짧은 여행을 즐겼다.

그렇게 좋은 날도 아니였는데 그날의 바람, 햇살, 파도 소리가 아직도 생생하다. 호텔 발코니에 기대어 바닷바람을 맞으며, 몸의 긴장을 풀던 그 순간. '이게 쉼이지'라는 생각이 마음 깊이 내려왔다. 아무것도 하지 않아도 괜찮다는 해방감. 시간의 흐름을 잊어도 괜찮다는 안도감.

그 여유는 오래가지 않았다. 한국에 돌아온 지 이틀 만에 나는 병원에 입원해 수술을 받았다. 차가운 조명과 금속 기구들, 낯선 병실. 며칠 전 바다를 바라보던 나는 이제 창밖을 보는 것조차 힘든 상태가 되어 있었다.

수술은 무사히 끝났지만, 목에는 두 개의 구멍이 남았고 제대로 말을 할 수도, 고개를 들 수도 없었다. 이토록 아픈데, 그 와중에 빨리 회복해서 놀러 다닐 생각을 하던 내 모습이 참 멍청하게 느껴졌다.

침대에 누워 창밖을 바라보며 그저 시간만 흘려 보냈다. 며칠 전만 해도 산책하고 바람을 맞으며 자유로움을 만끽하던 내가, 이제는 커튼을 젖히는 일조차 버겁게 느껴졌다. 참, 아이러니한 일이었다.

'이제야 쉰다'고 생각했던 바로 그 순간,

진짜 쉼은 이렇게 강제로 멈춰져야 찾아오는 것이었다.

멈추지 않기 위해 그렇게 애쓰던 시간들이 결국 나를 무너뜨렸다.

책을 읽고 음악을 들으며 시간을 채우고자 했지만, 통증 때문에 결국엔 멍하니 차를 마시며 창밖을 바라보는 일 밖에 할 수 없었다. 아니, 하고 싶지도 않았다. 머릿속까지 정지된 듯한 고요함. 아무것도 하지 않는 것이 아니라, 아무것도 할 수 없는 상태. 미련하게도 그제야 깨달았다.

진짜 쉼이란, 내 몸과 마음이 더 이상 버티지 않아도 되는 시간을 스스로에게 허락하는 것이었다.

그 일을 겪고 나서야 쉼은 단순히 '일을 멈추는 것'이 아니라, '삶을 재정비하는 과정'임을 절실히 이해하게 되었다. 여전히 나는 바쁘게 살아간다. 하지만 이제는 어떤 상황에서도 가장 먼저 돌아봐야 할 것은 나 자신이라는 걸 잊지 않으려 한다.

나는 이제 스스로에게 '일시 정지'를 허락하는 법을 배우는 중이다.

-

오늘의 쉼 Tip

- 아침 10분, 스마트폰 없이 커피 한 잔을 마시며 숨 고르기

- 나의 몸이 보내는 신호를 적어보세요.(두통, 피로감, 불면)

쉼 마저도 잘 해야 한다고 믿었던 나

나는 가 아니라고 생각해왔다. 적어도 완벽이라는 단어에 집착하지 않았고, 크게 뛰어난 적도, 뛰어나야 한다는 강박도 없었다. 높은 기준을 세우고 거기에 미치지 못하면 불안해지는 사람들의 마음이 이해되지 않았다. 나는 그저 내가 할 수 있는 만큼, 조금 더 나아가고 싶은 방향으로 목표를 세우며 살아왔다.

그런데 문득 이상한 점을 느꼈다. 나는 늘 공부하면서도 아무 노력 없이 아는 사람처럼 보이고 싶어 했고, 책을 좋아하면서도 가볍게 노는 듯한 인상을 주고 싶어 했다. 깊은 사고를 하면서도 단순하게 사는 사람처럼 보이길 원했고, 끊임없이 분석하면서도 겉으론 아무 생각 없이 사는 사람처럼 보이고 싶어했다.

나는 이 모순을 알고 있었다. 하지만 타인에게는 내가 의도적으로 보여준 단편적인 모습만이 보였고, 결국 나는 '고민 없이 사는 사람', 혹은 '앞뒤가 안 맞는 사람'처럼 보이기도 했다. 어쩌면 그것이 내가 의도한 연출이었는지도 모른다. 하지만 결국 사람은 누구나 복합적인 존재 아닐까?

누군가 "너는 아무 고민도 없어 보여"라고 말하면, 나는 속으로 쓴웃음을 지으면서도 굳이 반박하지 않았다. 내 안에서는 내 나름대로의 끊임없이 감정과 논리가 충돌하고 있었고, 나는 나만의 방식으로 세상을 해석하고 정리하고 있었다.

마치 중학교 시절, 밤새워 공부해놓고도 태연히 '하나도 안 했어'라며 웃던 친구처럼, 나 또한 어느 순간부터 진짜 나를 숨긴 채, 공들여 다듬은 페르소나로 세상과 거리를 조절해왔다.

이 사회적 페르소나를 유지하는 데는 생각보다 많은 에너지가 들었다. 하지만 나는 괜히 걱정 많은 사람처럼 보이기 싫어서, 내 속내를 조금이라도 들킨 순간 누군가 나를 아는 척하며 섣불리 해석하는 게 싫어서, 어느새 즉흥적이고 유쾌한 사람인 척하는 데 익숙해졌다. 사람들은 나를 가볍고 편한 사람이라고 생각하지만 사실 그 이미지 뒤엔 복잡한 생각과 조심스러운 침묵이 숨어 있다.

내 안의 복잡한 생각과 철학적인 고민들은 자칫 머리 아픈 사람처럼 보일까 봐, 괜히 참견받거나 불편한 시선을 마주칠까 봐 조심스럽게 감춰두곤 했다.

그래서 나는 내 원래 모습을 드러내지 않는 삶을 오래도록 살아왔고, 그것이 나를 조금씩 지치게 만들고 있었다. 그럼에도 불구하고 나는 여전히 완벽주의자가 아니라고 믿었다. 하지만 어느 날 깨달았다. 나는 '쉬는 것조차도 잘 쉬는 척하고 있었다'는 사실을.

침대에 누워 있어도 마음이 편하지 않았고, 아무것도 하지 않는 시간은 오히려 불안했다. 머릿속은 끊임없이 생각을 굴리고 있었고, 멍하니 시간을 보내는 건 비효율적으로 느껴졌다.

사람들은 "그냥 푹 쉬어"라고 말했지만, 가만히 있는 건 나를 더 힘들게 만들었다. 그래서 나는 스스로에게 물었다.

'나는 어떻게 쉬어야 하는 사람인가?'

그 순간 나는 나의 모습을 인정해야 한다는 걸 깨달았다. 완벽하지 않은 척하면서도 사실 내게 중요한 것일수록 내 방식대로 조율해야 마음이 놓이는 사람이었다. 쉼도 예외는 아니었다. 나는 쉼을

'아무것도 하지 않는 것'이라고 오해했기에 오히려 더 제대로 쉬지 못했던 것이다.

결국 나는 '아무것도 하지 않기'보다는 나에게 맞는 방식으로 나를 돌볼 때 비로소 회복되는 사람이라는 걸 깨닫게 되었다. 물론 가만히 있어도 잘 쉬어지는 사람이 있을 수도 있다. 하지만 아쉽게도 그게 나의 경우에는 해당되지 않았다. 그래서 조금씩 나만의 리듬으로 쉼을 만들어가기 시작했다.

좋아하는 공간에서 책을 읽고 몰입하거나, 새로운 음악을 탐색하며 기분을 환기하거나, 따뜻한 차를 마시며 머릿속을 정리하는 시간. 그런 일상이 나를 훨씬 효과적으로 회복시켜주었다. 단순히 몸을 쉬게 하는 것이 아니라, 복잡해진 생각을 정돈하고 흐트러진 내면을 다듬는 일이 내게는 진짜 쉼 이었다.

쉼이란 단순히 아무것도 하지 않는 것이 아니었다. 나에게 맞는 방식으로 나를 회복시키는 과정이었다. 나는 완벽하지 않은 척하는 완벽주의자였고, 그 사실을 인정하지 않으려 했다. 하지만 내 불완전한 모습을 받아들이는 순간, 비로소 쉼의 문이 열렸다.

쉼은 단순한 휴식이 아니었다. 그것은 나라는 사람을 깊이 이해하고, 존중하는 태도였다. 나는 이제 비로소 진짜 쉼을 경험하고 있다. 그리고 이 깨달음 덕분에, 나는 드디어 온전히 쉬게 되었다.

-

오늘의 쉼 Tip

- 나는 어떤 활동을 할 때 가장 마음이 정돈될까? 목록을 적어보세요.
- 오늘 '나를 위한 루틴 쉼 시간'을 캘린더에 예약해두세요.

,,
쉼 둘

'잘' 쉬는게 말처럼 쉽지는 않아

쉼에 대한 오해를 걷다

쉬고 있다고 착각했던 순간들

만성피로 였던 나는 항상 그냥 쉬고 싶었다.

아무것도 하기 싫고, 모든 게 버거웠다.

퇴근 후엔 침대에 누워 핸드폰을 들여다봤고,

주말엔 맛집을 돌거나 유튜브를 끝도 없이 보았다.

친구들과 만나 웃고 떠들어도, 혼자 있는 날조차도—

이상하게 하나도 회복되지 않았다.

그렇게 몇 달이 흘렀고, 몸은 무거워졌다.

바지는 점점 죄어왔고, 체중도 10kg 넘게 늘었다.

하지만 더 무거웠던 건 마음과 머리였다.

책은 읽히지 않았고, 영화는 30분을 못 넘겼다.

좋아하던 것조차 즐겁지 않았다.

'나는 제대로 쉬고 있는 걸까?'

라이프스타일의 변화를 위해 내 생활이 고스란히 담겼던 작은 집을 정리하고 본가로 내려갔다.

새로 시작해보겠다고 마음먹었지만—무기력은 따라왔다. 엄마는 "게으르다, 좀 움직여라"라고 말했지만,
사실 나도 이대로 괜찮은가 끊임없이 자책 중이었다. 어딘가 잘못된 것 같은데, 뭘 바꿔야 할지는 몰랐다.

그래서 운동도 시작하고 취미도 만들고 새로운 경험도 시도했다. 그런데도 어딘가 비어 있었다. 몸은 열심히 움직이는데, 마음은 점점 더 지쳐갔다.

그때 나는 제대로 쉬었던 것이 아니었다.

단지 '바쁨으로 나를 덮어두고 있었을 뿐'이었다.

쉼은 가만히 있는 것이 아니다.

어느 날, 답답한 마음에 이어폰도 없이 동네 산책을 했다.
그 계절, 나는 처음으로 바람 소리와 햇살에 집중했다.
무엇을 하지 않아도 괜찮은 상태.
그 순간에 나는 '쉼이 이런 거구나' 하고 느꼈다.

20대 나는 쉼마저도 생산적으로 하려고 했다.

각 잡고 명상하고, 유익한 콘텐츠를 보고, 시간을 헛되이 쓰지 않으려 애썼다.

하지만 쉼은 '해야 할 무엇'이 아니라, '허락받은 상태'였다.
내가 나에게 '그래도 괜찮아'라고 말해줘야 비로소 시작되는 일이었다.

진짜 쉼은 생산적인 것도, 의미 있는 것도 아닐 수 있다.
하지만 그 안에서 다시 '살아갈 힘'을 찾게 해준다.

우리가 기억할 것

- 쉼은 단순히 멈춘다고 찾아오는 것이 아니다.

- 바쁘게 사는 것과 회복되는 것 사이에는 큰 차이가 있다.
- 쉼은 '무기력'과 달라야 하며, '회복의 감각'을 동반해야 한다.
- 결국 쉼은 내가 내게 허락해야만 가능한 상태이다.

-

오늘의 쉼 Tip : 있는 그대로 괜찮음 쉼

✔ 오늘은 '아무것도 하지 않는 시간'을 스스로에게 허락해보세요.

- **10분 타이머를 맞추고, 아무것도 하지 않고 가만히 있기**

    핸드폰 없이, 음악도 없이, 그냥 눈을 감고 앉아보세요.

    처음엔 불편하고 초조할 수 있지만, 멈춤에 익숙해지는 연습입니다.

- **'무목적 산책' 해보기**

    목적 없이, 코스도 정하지 않고 동네를 걸어보세요.

    느리게, 천천히, 발길 닿는 대로.

- **의식적인 차 한 잔**

    물을 끓이고, 찻잎을 우려내고, 향을 맡으며 천천히 마셔보세요.

    차를 마시는 그 10분 동안만큼은 아무것도 하지 않고 오직 지금 이 순간에 머물러 보세요.

- **쉼 기록 1줄 일기**

    오늘 내가 쉼을 느꼈던 순간은 언제였는가?

    하루가 끝나기 전, 짧게라도 떠올려보고 기록해보세요.

    "점심시간 카페에서 햇살이 따뜻한 창가에 앉아 멍 때렸던 5분이 좋았다."

명상이 불편한 사람도 있습니다

"명상을 한번 해봐."

쉼이 필요하다는 말을 꺼내면 사람들은 으레 이렇게 말하곤 한다. 마음챙김, 내려놓기, 내면의 평화…

이제는 너무 익숙한 단어들. 유튜브에서도, 책에서도, SNS에서도 명상은 마치 진짜 쉼의 공식 같은 것처럼 등장한다.

그래서 나도 시도해봤다. 명상 앱을 깔고, 하루 10분. 조용한 공간에 앉아 눈을 감고 호흡을 들이쉰다. 부드러운 음성과 평화로운 배경음, 432Hz, 528Hz 같은 '치유의 주파수'까지.

처음엔 '이게 쉼이구나' 싶었다. 그런데—30초도 안 되어 머릿속이 요란해지기 시작했다.

"아, 이따 뭐 먹지?"

"내일 일정 뭐있지?"

"나 그때 왜 그런 말을 했을까, 하…"

무의식 속에 쌓아둔 모든 생각들이 한꺼번에 터져 나왔다. 오히려 평소보다 더 시끄러웠다.

그 순간 알았다. 나는 쉼을 받아들일 준비가 되어 있지 않았다는 걸. 몸을 멈춰도 머리는 한순간도 쉬지 않았던 사람이었다.

명상 어플 구독료 회수를 위하여 2주 동안 계속 시도했지만 결과는 같았다. 집중하려 애쓰면 애쓸수록 머릿속 전쟁은 더 심해졌다.

명상은 내게 쉼을 선물하기는 커녕, 내가 얼마나 쉼에 서툰 사람인지를 드러내는 시간이 되었다.

쉼의 틀에서 벗어나기

많은 사람들이 명상에서 쉼을 얻는다고 말한다.
하지만 중요한 건, 모든 사람에게 같은 쉼이 통하지 않는다는
것이다.

앉아서 하는 명상이 어렵다면 걷기 명상을 해도 된다.
주파수가 어색하다면, 자연의 소리를 들어도 좋다.
조용한 상태가 불편하다면, 리듬 있는 숨쉬기부터 시작해도 된다.

나는 가만히 있는 명상 대신, 걷기 명상이 조금 더 나았다.
이어폰도 없이 걷기. 도로를 따라 바람을 맞고, 나뭇잎 바스락거리는
소리에 집중하며 걷는 것.
머릿속이 완전히 비워지진 않았지만, 그 잠깐의 감각 집중은
생각의 소음을 줄여주었다.

-

우리가 기억할 것

- 모든 사람에게 같은 방식의 쉼이 효과적인 것은 아니다.
- 명상이 어려운 사람도 있다.
  그건 '쉼을 못하는 사람'이 아니라, '다른 방식의 쉼이 필요한
  사람'일 뿐이다.

- 쉼은 정해진 공식이 아니라, 나에게 맞는 루틴을 찾아가는 과정이다.

-

오늘의 쉼 Tip: '명상 초보'를 위한 작고 쉬운 시작

- **3-3-3 숨쉬기 명상**

    3초 들이마시고, 3초 멈추고, 3초 내쉬기. 3번만 해보세요.

    생각을 없애려 하기보다, 숨만 바라보는 연습부터.

- **5분 감각 걷기**

    오늘은 이어폰 없이 걸어보세요. 바람, 햇빛, 땅을 밟는 감각에 집중해보세요.

    머릿속 잡음을 줄이는 데 도움 됩니다.

- **명상 대신 '알림 끄기 1시간'**

    명상이 부담스럽다면, 스마트폰 알림을 1시간만 꺼보세요.

    디지털 쉼도 명상의 시작입니다.

여행을 떠났는데 더 피로하다니

진짜 즐겁고, 아주 제대로 쉬고 싶었다.

그래서 결정했다. "쉼은 여행이지!"

낯선 곳에서 낯선 공기를 마시며, 익숙한 일상에서 벗어나면
분명히 회복될 거라고 믿었다. '열심히 일했으니까 떠나야 한다'는
생각은 어쩌면, 떠나고 싶은 내 마음을 그럴듯하게 포장한
합리화였는지도 모른다.

재택근무로 하루 종일 모니터 앞에 앉아 있던 시절.
코로나로 집 안에 갇히며 세상과 단절된 시간.

나홀로 카페 300곳을 돌아다니며 버티던 그 무력함 속에서,
나는 결국 런던으로 가는 비행기표를 끊었다.
"이젠 진짜 쉬고 싶어. 이번엔 완전 충전 될 거야."

바쁘게 떠난 여행, 더 바쁘게 쉰 시간

2주 후 떠나는 비행기표를 산 순간부터 너무 계획을 안 짜서 그런 걸까, 약간 무거워지는 마음이 들었다.

그럼에도 불구하고 나는 여행지에 도착하자마자 너무나 잘 즐겼다. 여러 스팟을 찾아다녔고 놓치면 안 될 경험들을 스케줄에 빼곡히 채웠다. SNS에 올릴 사진을 고민했고, 잠시 멍하니 있는 시간은 왜인지 아까웠다.

"이렇게 흘려보내도 되는 걸까?"

비싼 항공권, 나의 소중한 시간…
여행조차 '잘 쉬어야 한다'는 또 다른 숙제가 되었다.
즐거운 순간도 있었지만, 온전한 쉼은 없었다.
심지어 문득, "오늘은 일해야 하는데…"라는 생각까지 스쳐 갔다.

워케이션에서 깨달은 것

이직을 앞두고, 특별한 시작을 해보자며 한 달간 발리로 떠났었다. 요가도 하고, 명상도 하고, 바다도 보고, 쿠킹 클래스까지 — 온몸으로 삶을 만끽했다. 그런데 이상하게, 아무리 채워도 어딘가 비어 있는 느낌은 가시질 않았다.

"여기서도 그렇게 바쁘게 지내세요?"
"Do you ever stop being busy… even here?"

우연히 참여한 저녁 요가 수업에서, 요가 강사의 이 말이 귀에 꽂혔다. 그녀는 내 손목에서 진동하던 스마트 워치의 알림을 가리키며, 낮게 조용히 말했다.

"Rest doesn't come from doing. It comes from allowing."
"쉼은 그렇게 애써 찾는 게 아니에요. 계속 뭔가를 해야만 한다고 생각하잖아요."

맞다. 나는 쉼조차 잘 쉬어야 하며 하나의 성과로 만들고 있었다. 쉼을 위해 떠났지만, 스스로에게 온전한 쉼을 허락한 적은 한 번도 없었다.

진짜 쉼은 '존재하는 것'

그날의 수업의 가르침은 쉼은 해야 할 어떤 행위가 아니라, 그저 자신으로 존재하는 거라고 말했다.

그 말을 들은 후에, 역시나 나는 그 뜻을 잘 알지는 못했지만 다음날도 요가 수업에 참석했다.

자세를 잘 하지 못해도 괜찮았다.
흔들려도, 중심을 못 잡아도, 괜찮았다.
'지금 이 순간 내 몸에 집중하는 것'만으로 충분했다.

그리고 한국에 돌아가기 전 마지막 수업 날, 매트에 누운 채 사바사나 자세로 눈을 감았다.
아무것도 하지 않았고, 아무 생각도 하지 않았다.
희미한 바람 소리, 흔들리는 나무들, 따뜻한 햇살 속에서―
나는 처음으로 '이대로 충분하다'는 감각을 느꼈다.

우리가 기억할 것

- 여행이 쉼이 될 수는 있지만, 여행이 곧 쉼은 아니다.

- 쉼은 밖에 있지 않다. 내가 지금 여기에 존재할 때, 그 안에서만 쉼이 시작된다.
- 진짜 쉼은 '무엇을 해야 한다'는 압박에서 벗어나 스스로에게 허락하는 상태다.

-

오늘의 쉼 Tip: 여행 없이도 가능한 '지금 이 순간 쉼'

- 내 방 안에서 떠나는 10분 여행

  창가에 앉아 차를 마시며, 여행지의 음악을 틀어보세요. 지도나 항공권이 없어도, 쉼의 감각은 충분히 재현할 수 있습니다.

- 하루 1회 '무계획 30분' 실험

  아무 일정도 정하지 않고, 이끌리는 대로 움직여보세요. '계획 없음'에 익숙해질 때, 쉼이 자연스럽게 스며듭니다.

- 여행지처럼 '알림 OFF' 해보기

  푸시 알림을 꺼두고, 일정을 비워보세요.

쉼은 바깥이 아니라 연결을 끊는 데서 시작됩니다.

- 정말로 훌쩍 떠나보기

가까운 바다, 숲, 온천도 좋습니다.

멀어도, 멀지 않아도 '진짜 쉼'을 위한 여행은 우리에게 새로운 감각을 열어줍니다.

쉼도 연습이 필요해

수술을 마친 뒤, 나는 진심으로 회복되고 싶었다.

그런데 쉬는 일이 이렇게 어려울 줄은 몰랐다.

가만히 있어도 마음은 찝찝했고, 몸은 더욱 무기력했다.

나는 자주 쉰다고 생각했지만, 정작 제대로 된 쉼을 해본 적은 없었다.

그럴 수밖에 없었다. 제대로 쉬는 법을 배운 적이 없었으니까.

쉼을 배우고, 실험하고, 루틴으로 만들다

나는 쉼을 연구하기 시작했다. 쉼에도 정답이 있을까?

그래서 나는 잘 쉬는 법도 공부할 겸 평소에 좋아했던

아로마와 싱잉볼 명상 공부를 통해 자격증까지 취득하며
'쉼의 기능과 가능성'을 스스로 찾아보기 해보기 시작했다.

자격증 공부는 단순한 체험을 넘어
"이걸 일상에 적용하면 어떨까?"
라는 실험으로 이어졌다.

아로마는 감정의 온도를 조절했고
싱잉볼은 긴장을 풀어주는 진동이 되었으며
호흡 명상은 감정의 경계를 다독이는 시간이었다.

쉬는 것도 인증 받아야 하나요?

하지만 주변 반응은 예상 밖이었다.
"요가 강사 준비해?"
"퇴사각이야?"

그렇다. 나는 그저 직장인이다.
그냥 단지 나만의 작은 회복을 실험하고 있었을 뿐이다.
하지만 쉼을 배우는 것조차 무언가 쓸모 있어야만 정당화되는
세상이었다.

그 순간 느꼈다. 우리는 각 분야에는 전문가를 두면서도 쉼은 '배울 필요 없는 것'이라 여긴다. 생각해보면 우리는 어릴 때부터 쉼조차도 '더 나은 성과'를 위한 도구로 배워왔다.

생활 속 쉼 루틴이 만든 작은 변화

나를 포함한 많은 현대 사회인들은 바쁘다.
그래서 나는 '특별한 쉼'보다 '지속 가능한 쉼'을 자주 선택했다.
아주 작고 사소한 실험들을 반복했다.

- 아침엔 오렌지 오일 향으로 하루를 시작하고
- 일하다 과부하가 올 땐 심호흡 다섯 번
- 자기 전엔 조용한 명상이나 음악 한 트랙
- 귀찮은 날엔 그냥 창밖 바라보며 숨 고르기
- 어떤 주말엔 별다른 계획을 하지 않는 시간을 만들었다.

이런 작고 반복적인 쉼은 나를 회복시키는 리듬이 되었다.
이제는 예전처럼 쉽게 무너지지 않게 되었다.

이 장에서 기억할 것

- 정말 당연한 말이지만, 쉼에는 정답이 없다.

- 나에게 맞는 방식으로 자주, 그리고 꾸준히 실천하자.
- 쉼은 이벤트가 아니라, 생활 속에 심어야 할 루틴이다.
- 우리는 쉬는 법도 연습해야만 익숙해진다.

-

오늘의 쉼 Tip: '루틴으로 만드는 작은 쉼'

- 3분 루틴 만들기

    하루 중 가장 지치는 순간에 할 수 있는 3분 쉼 습관을 정해보세요. (예: 숨 5번, 좋아하는 향 맡기, 창밖 보기)

- 하루에 한 번 '감각 켜기'

    후각, 청각, 촉각 중 하나에 집중하는 시간

    (예: 싱잉볼, 따뜻한 머그컵 감싸기, 빗소리 듣기)

쉼은 특별한 것이 아니였다.
그저 하루의 틈에, 나만을 위한 작은 순간을 심는 일.
그 작은 쉼이 쌓여, 나를 지켜주는 단단한 루틴이 된다.

남들 말고, 나한테 맞는 쉼

쉼은 누가 대신 해줄 수 없다.

누가 쉬라고 말해줘도, 아무리 좋은 장소에 있어도— 쉼은 내가 나에게 허락해야만 시작되는 일이다.

어쩌면 우리는 모두, 너무 오랫동안 쉼 없이 사는 법만 배워왔는지도 모른다. 열심히, 치열하게, 빈틈없이.

하지만 진짜 단단한 삶은 잘 멈추는 사람에서 나온다.
자신만의 쉼의 루틴을 가진 사람은 쉽게 무너지지 않는다.

누군가 말했다.
"당신이 가장 지칠 때 꺼낼 수 있는 루틴이 있다는 건,
그 자체로 회복력을 가지는 것이다."

그 루틴은 거창할 필요 없다.

- 누군가는 창밖을 멍하니 바라보며 쉰다.
- 누군가는 차를 우리고, 고양이를 쓰다듬고, LP를 한 곡 틀며 쉰다.
- 누군가는 출근 전, 오렌지 향을 맡으며 다섯 번 숨을 쉬는 것에서부터 쉼을 시작한다.

쉼은 작을수록, 일상 속에 있을수록 강해진다.

지금, 당신의 쉼을 직접 설계해 보자

이제는 당신의 차례입니다.
읽기만 했던 쉼을, 이제는 내 삶에 새겨 넣을 시간입니다.

1. 나의 피로는 어디에서 오는가?

쉬어도 피곤한 이유는?
어떤 상황에서 가장 쉽게 지치는가?
최근 '제대로 쉬었다'고 느낀 순간은 언제였는가?

2. 나만의 감각 루틴 만들기

내가 가장 좋아하는 향은?

마음이 안정되는 소리는?

나를 진정시키는 장소나 풍경은?

3. 나를 위한 쉼 선언

오늘, 나는 나에게 쉼을 허락합니다.

그리고 다음 문장을 이어보세요.

"내가 쉴 수 있도록,

나는 _____ 다."

오늘의 쉼 Tip: '작은 쉼 계획 만들기'

'쉼은 당신을 느리게 만드는 것이 아니라,

당신을 다시 앞으로 나아가게 만드는 힘이 됩니다.'

-

쉼은 일처럼 '성과'를 요구하지 않는다.

쉼에는 자격이 필요하지도 않고,

누군가에게 증명하지 않아도 된다.

   그저 나를 위해, 오늘 하루 잠깐이라도

"이대로 충분하다"고 말해주는 연습.

   나만의 리듬과 속도에 맞는 연습이 쌓여 회복력을

만들어줄 것이다.

,,,

쉼 셋

쉼의 레시피는 각자 다르다

일과 삶에 따라 달라지는, 나만의 쉼을 찾는 여정

루틴에 갇혀 살아도 내 인생

Resting the Overheated Mind in Repeating Days
매일 비슷한 일을 반복하는 삶 속에서도 머리는 과열됩니다.
우리는 습관 속 쉼을 재구성하는 연습이 필요합니다.

머리는 과열되고, 몸은 멈춘 사람들

정신은 멈추지 않는데, 몸은 하루 종일 움직이지 않는다.
사무직의 일상은 뇌를 뜨겁게 달구고, 몸을 얼려버린다.

회의, 문서 작성, 판단과 결정.
특히 회의가 잦은 직군이라면 반복되는 대화와 후속 조치로 뇌는
금세 포화 상태가 된다.

회의가 세 시간 이상 이어지는 날엔
말을 하든, 듣기만 하든 두통과 피로가 동시에 몰려온다.
그 와중에도 몸은 꼼짝 없이 의자에 붙잡혀 있다.

이런 상태에서 퇴근하면, 우리는 침대에 누워 스마트폰을
들여다보며 '쉰다'고 여긴다.

그러나 이건 회복이 아니라 피로의 연장선일 수 있다.

몸은 가만히 있어도, 머리는 여전히 오늘의 회의를 복기하며 일하고 있기 때문이다.

나의 경험: 머리를 쉬게 한 건 걷기였다

사회초년생 시절, 하루 대부분을 문서 작성에 쏟아부었다.
보고서를 만들고 또 그걸 정리한 보고서를 만들다 보니
나는 점점 사람 같지 않은 존재가 되었다.

'나는 인간 문서 제작기인가?' 싶던 날이 많았다.
그럴 때마다 점심시간에 산책하는 사람들을 보며 "굳이 점심까지 운동을 해야 하나?" 생각했다.
귀찮기도 하고, 앉아서 쉬는 게 더 나아 보였다.

어느 날 억지로 따라 나간 산책에서 내 생각이 바뀌었다.

햇빛, 바람, 규칙적인 박자의 걸음.
날씨가 좋아서 그런가, 머릿속이 정리되는 느낌이 생각보다 선명했다. 자리에 돌아왔을 땐 집중이 더 잘됐다.

그 뒤로 몸을 움직이는 쉼을 믿게 됐다.

퇴근 후 운동을 시작했고, 주말엔 산책을 했다.

처음엔 귀찮았지만, 몸이 가벼워졌고 마음도 맑아졌다.

움직임은 쉼이 될 수 있다는 걸 문득 체감했다.

사무직을 위한 '움직이는 쉼 루틴'

1. 점심 산책 10분

- 가장 좋은 뇌 휴식은 몸의 리듬감 있는 움직임이다.
- 햇빛 + 걸음 + 외부 자극이 뇌를 새로 고침 해준다.

2. 퇴근 후 가벼운 운동

- 헬스, 요가, 빠르게 걷기, 자전거 타기 등
- 몸을 쓰는 동안, 마음은 조용해진다.

3. 주말엔 자연 속으로

- 피크닉, 공원 산책, 가벼운 등산
- 자연은 최고의 회복처이자, 심리적 확장 공간이다.

4. 회사 안 실내 쉼 루틴

- 짧은 스트레칭, 의자 위에서의 틈틈이 기지개
- 일정 시간 앉아있으면 알람 맞추고 '움직이기' 시도하기

이 장에서 기억할 것

- 사무직은 몸을 멈추고, 머리를 과열시키는 구조다.
- 진짜 회복을 원한다면, 머리를 쉬게 하고 몸을 움직여야 한다.
- 움직임은 피로를 해소하고, 뇌를 리셋시키며, 스트레스를 더 단단히 견디게 하는 근육이 된다.

-

오늘의 쉼 Tip: '책상 옆 쉼' 3분 실천

- 타이머 맞춰 1시간마다 3분 걷기
- 양팔 들고 기지개, 어깨 돌리기 10회
- 눈 감고 3번 심호흡하며 창밖 보기

-

일하는 시간 사이 나만의 '쉼의 끼워넣기'를 시작해보세요.
그 작고 짧은 움직임이 지친 뇌를 다시 살아나게 해줍니다.

감정을 다루는 일을 하는 사람들

For Those Who Hold Space for Others

남의 감정엔 익숙한데, 내 감정은 어색하진 않나요?

쉼은 감정도, 마음도 '나부터' 돌보는 데서 시작됩니다.

감정노동은 조용히, 깊게 사람을 닳게 만든다

사람을 상대하는 일은 늘 어렵다.
그 중에서도 서비스직과 영업직은 '일'보다 '감정'이 더 쉽게
닳아버리는 직업이다.

단순히 상품과 서비스를 전달하고 고객을 응대하는 것을 넘어
끊임없이 감정을 조절해야 하는 일.
이 직군에겐 단순한 피로 회복이 아니라 감정을 회복하는 쉼이
필요하다.

하루에도 수십 명의 고객을 상대하면서
이해되지 않는 요구나 불쾌한 말들을 들을 때가 많다.

억울한 일을 당해도 감정을 숨겨야 하고,

심지어 타인의 감정까지 책임져야 할 때도 있다.

문제는 그 감정이 쌓인다는 점이다.

몸이 피곤한 건 자고 나면 풀리지만,

감정은 회복 없이 누적되면 쉽게 번아웃으로 이어진다.

나의 짧은 경험, 그리고 오래 남은 감정

사실 나는 서비스직을 오래 하진 않았다고 생각한다. 그런데도 잠깐의 경험만으로도 감정노동이 얼마나 소모적인지는 충분히 알 수 있었다.

대학교 시절, 영화관 아르바이트를 하던 때였다.

어떤 고객이 "이건 내가 알던 사이다 맛이 아니다"라며

자기가 가져온 사이다를 꺼내 비교해보라고 했다.

나는 어이없음을 꾹 참고 "확인해 드릴게요^^"라고 말했지만

속으로는 '진짜, 이게 뭔 상황이지?' 싶었다.

보안 인증 심사원으로 일하던 어느 날도 비슷했다.

IDC 현장 점검을 하러 갔는데,

내 기준 연세가 꽤 되어 보이던 담당자 한 분이

"내가 왜 당신한테 이런 걸 보여줘야 해?"라며

건물 1층에서 무려 30분 가까이 내게 태클을 걸었다.

나는 그저 정해진 절차에 따라 해당 항목을 확인하러 간 것 뿐.

그런데 그분은 마치 내가 뭘 빼가러 온 사람인 양, 경계심을 풀지 않았다. 계속 말도 안되는 이야기를 했고, 나는 속으로는
어쩌라는거지.. 하고 생각했다.
그러다 이 말도 안 되는 상황에 피식 웃음이 나다가 이내 현대인 대한 묘한 연민이 피어올랐다.

당혹감, 억울함, 체념, 그리고 조금은 슬픈 연민.
알고 싶지 않은 것을 알아야 하는 역할, 보여주고 싶지 않은 것을
보여줘야 하는 역할.
 아 지겨워. 그때 알았다.
감정을 계속 눌러야만 하는 상황이 반복되면, 몸보다 마음이 더 먼저
닳아버린다는 걸.

-

감정회복을 위한 쉼 루틴

감정은 단순히 몸을 쉬는 것으로 회복되지 않아 다르게 쉬어야 한다.

1. 감성 충전 루틴

- 좋아하는 음악 듣기
- 따뜻한 영화 보기 (추천: 인간미 넘치는 이야기)
- 감성 에세이로 감정 정리하기
    → 현실에서 삭인 감정을, 다른 감성으로 덮어주는 작업

2. '나만의 힐링 존' 만들기

- 아로마 캔들, 차 한 잔, 조용한 조명
- 집 한켠을 오롯이 나만을 위한 회복 공간으로

3. 감정 쓰기 & 말하기

- 하루 끝에 '감정 기록' 남기기

    "오늘 이 말에 상처받았다." "짜증 났지만 넘겼다."

- 가족과 친구에게 짧게 털어놓기 or 혼자 기록하기

4. 감각 회복 자극

- 향, 소리, 햇살, 물, 바람 같은 감각적 회복 요소 활용
- 걷기 명상, 바람 맞으며 산책, 특정 음악에 집중하기

5. "이건 내 문제가 아니다" 프레임

- 모든 감정을 내 탓으로 가져오지 않기
- "이건 저 사람의 문제지, 내가 다 책임질 필요 없다."

이 장에서 기억할 것

- 서비스·영업직은 감정 노동이 핵심이다.
- 그래서 '일을 안 하는 것'이 쉼이 아니라 '감정을 회복하는 것'이 진짜 쉼이다.
- 감정은 쌓으면 터지고, 풀면 회복된다.
  그러니 의도적으로 풀고, 회복하는 루틴이 필요하다.

오늘의 쉼 Tip: 감정 회복 루틴 체크리스트

- 음악 1곡 듣기 : 감정에 맞는 음악 찾기

- 향기 깊게 들이마시기 : 라벤더, 오렌지 오일

- 감정 쓰기 3줄 : 오늘 있었던 일 기록

- 산책 10분 : 말없이 감각에 집중하며 걷기

-

당신이 오늘 마주한 사람들 중에 당신의 감정을 소중히 여겨준 사람은 있었나요?

없다면, 그 역할은 바로 당신 자신이 맡아야 합니다.

몸이 고장나기 전에 알아차리기

When the Body Tells You to Pause First
하루가 끝나기 전 이미 탈진해버리는 사람들을 위해,
마음보다 먼저 피로해지는 몸에게 가장 따뜻한 쉼을 건네보세요

몸의 회복 없이는, 마음의 여유도 없다

하루 종일 몸을 쓰는 일은, 마음까지 무겁게 만든다.
공장, 건설 현장, 물류창고 등
현장직 근로자들의 하루는 '움직임'과 '무게'로 가득하다.

이들의 피로는 단순히 '힘들다'는 말로 설명되지 않는다.
근육, 관절, 감각까지 전방위로 소모된다.
이들에게 쉼은 단순한 휴식이 아니라, 철저한 '회복'이다.

무거운 물건을 나르고, 서서 근무하고,
같은 동작을 반복하는 동안 몸은 계속 움직이지만 정작 회복할
시간은 턱없이 부족하다.

회복 없이 이어지는 일상은

어제의 피로가 오늘로,

오늘의 피로가 내일로 쌓이게 만든다.

그렇게 만성적인 근육통과 무기력이 일상 속에 깊이 스며든다.

현장직을 위한 회복 중심 쉼 루틴

1. 틈틈히 스트레칭은 필수

- 어깨, 허리, 다리 중심으로 5분이라도 매일
- 업무 직후, 샤워 전, 자기 전 한 번 더

    → 혈류 순환 + 근육 이완 + 통증 예방

2. 온열 찜질 & 마사지

- 허리나 무릎에 따뜻한 찜질팩 올리기
- 안마기, 발 지압 매트, 셀프 마사지 활용

    → 통증 완화 + 수면의 질 향상

3. 10분 요가 or 바디 스캔 명상

- 바닥에 누워 온몸 감각을 천천히 스캔하며 호흡하기
- 움직임이 많은 직업일수록, 정지된 이완이 필요하다.

감각 회복도 함께 챙기자

현장 환경은 소음, 진동, 조명 등 감각을 자극하는 요소들이 많다. 그래서 감각을 '달래는 쉼'이 더 중요하다.

- 따뜻한 물에 발 담그기, 반신욕
- 조용한 공간에서 좋아하는 ASMR 듣기
- 눈을 감고 깊은 숨을 다섯 번 쉬기
  → 몸을 감싸듯이 쉬는 감각 회복 쉼 실천하기

내 몸이 보내는 신호를 놓치지 말기

현장직 근무자 중에는 '아프면 참는 게 미덕'처럼 여기는 사람이 많다. 하지만 그 작은 통증은 신호다.

방치된 통증은 크게 돌아오고, 참는 습관은 적절한 쉼을 놓치는 습관이 된다.

- 불편함이 반복되면 바로 병원 방문하기
- 피로 누적되기 전, 예방적 회복 루틴 만들기

이 장에서 기억할 것

현장직의 쉼은 '충전'이 아닌 '회복'이다.
몸이 회복되면, 마음도 덜 휘청인다.
짧아도 좋으니 매일 하는 회복 루틴이 필요하다. 그 루틴이 근육과 멘탈을 함께 지탱해준다.

-

당신의 하루가 얼마나 무거웠는지,
당신의 몸이 가장 잘 알고 있습니다.
그러니 오늘 밤, 당신에게도 조용하고 따뜻한 쉼이 필요합니다.

몰입하는 일에 빠져 죽지 않기

Sacred Silence for the Deeply Immersed

몰입이 일상이 된 사람들에게 진짜 회복은 '끊김'에 있습니다.
단절은 게으름이 아닌, 더 깊은 연결을 위한 준비입니다.

Deep Workers, 단절의 시간이 필요한 사람들

개발자, 디자이너, 연구원, 엔지니어, 분석가, 건축가, 작가, 영상 편집자, 음악 프로듀서 …
몰입이 곧 성과인 이들의 일은 '고도의 집중력' 위에 서 있다.
창의력과 논리력, 문제 해결력, 깊이 있는 사고가 필수다.

문제를 풀기 위해 머리를 돌리는 시간은 많지만
머리를 '쉬게 하는 시간'은 늘 부족하다.
그래서 이들에게 쉼은 단순한 여유가 아니다.
의도적이고 전략적인 '디지털 단절'이 필요하다.

끊김 없이 연결된 환경은 편리해 보이지만,
오히려 뇌를 마모시키고 마음을 마르게 만든다.

업무가 끝나도 노트북을 닫기 어렵고, 새로운 기술을 따라잡아야 한다는 조급함에 메일과 미팅 알림을 놓치지 않으려 애쓰게 된다.

"혹시 내가 뭔가 놓친 건 아닐까?"
그 불안감이 디지털 연결을 끊지 못하게 만든다.

나도 그랬다. 출장도, 여행도, 늘 노트북과 함께했다.
시차가 큰 곳이라도 알람이 울리면 반사적으로 노트북을 열었다.
이쯤 되면 애착 물건이 아니라 분리불안 대상이었다.

처음엔 나만 그런 줄 알았다.
하지만 주변의 개발자, 연구원, 디자이너들도 대부분 비슷했다.
끊임없이 연결된 삶 속에서 쉬는 법을 잊은 사람들.

하지만 그렇게 살다 보면 뇌는 점점 굳고, 마음은 무뎌진다.
몰입을 지키고 싶다면, 의식적인 단절이 필요하다.
그 단절이 곧 회복이고, 회복이 다시 깊은 몰입으로 이어진다.

디지털 안에서 소통하지만, 진짜 쉼은 오지 않는다

　대학교 시절, 한 연구 프로젝트에서 인상적인 경험을 한 적이 있다. 강의실에 들어섰을 때, 모두 같은 공간에 앉아 있었지만 서로 눈도 마주치지 않은 채 오직 카카오톡으로만 대화하고 있었다.

"혹시 아직 안 온 사람 있어?" 하고 묻자,
고등학생 팀원이 말했다.
"누나, 저희는 이렇게 대화하는 게 더 편해요."

순간, 할 말을 잃었다.
입을 열어 말하는게 더 편한거 아닌가…
기술 덕분에 소통은 쉬워졌지만, 어쩐지 쉼은 더 멀어지는 느낌이었다. '단절의 쉼'은 선택이 아니라, 필요에 가까운 전략이다.

기술직에게 필요한 '디지털 디톡스' 루틴

1. 최소 하루 1시간, '디지털 차단 시간' 만들기

- 스마트폰 알림 끄기
- SNS 사용 시간 제한 설정

- 노트북은 퇴근과 함께 덮기

2. 디지털 없는 주말 루틴

- 종이책 읽기
- 걷기 산책 + 이어폰 없이 자연 소리 듣기
- 손으로 뭔가 만들기 (그림, 자수, 퍼즐)

3. 아날로그 감각 자극

- 도자기 공방, 캔들 클래스, 꽃꽂이 등
    → 뇌를 환기시키는 손의 움직임
- 백색소음, 물소리, 바람 소리 듣기
    → 과열된 뇌를 진정시키는 사운드 테라피

4. 침실의 디지털 정리

- 휴대폰은 책상 위, 종이책은 머리맡에
- 취침 전에는 오직 '아무것도 하지 않는 10분'

이 장에서 기억할 것

- 기술직은 집중이 '장점'이지만 쉼에게는 '위험요소'다.
- 그래서 '단절의 시간'이 반드시 필요하다.
- 기기에서 벗어나는 순간, 뇌는 회복하고 창의력은 되살아난다.

-

단절은 멈춤이 아닙니다.

더 오래, 더 창의적으로 나아가기 위한 뇌를 위한 쉼표입니다.

변화하는 나와 함께 달라지는 쉼

Rest Flows with the Changing You

어제의 쉼이 오늘의 나에게 꼭 맞지 않을 수 있습니다.

쉼은 고정된 것이 아니라, 지금의 나에게 맞춰 흐르는 감각입니다.

내 삶이 바뀔 때마다, 쉼도 달라졌다

쉼은 늘 그 자리에 있지만, 그 모양은 매번 달라진다.

한때 나는 쉼이 단순한 '휴식'이라고 생각했다.

그저 멈추는 것, 잠시 쉬는 것.

하지만 살아가면서 점점 알게 되었다.

쉼은 고정된 형태가 아니고, 삶의 흐름에 따라 변화하는 살아 있는 감각이라는 것을.

사무직으로 일할 때, 머리는 지치는데 몸은 가만히 있어야 했다.

그래서 일부러 밖으로 나갔다.

점심에는 강을 따라 걷고, 퇴근 후엔 헬스장에서 땀을 흘렸다.

머리를 식히기 위해 몸을 움직이는 쉼.

감정 노동이 많은 일을 할 때는 달랐다.

사람들과의 대화가 에너지를 바닥까지 끌어내렸다.

그럴 땐 조용한 카페에 혼자 앉아 책을 읽거나, 자연 속으로

도망치듯 들어가야 마음이 살아났다.

감정을 회복하는 쉼.

기술직으로 넘어간 뒤엔 또 바뀌었다.

하루 종일 복잡한 문제를 해결하고 나면 뇌는 텅 비고, 창의력은

바닥을 친다. 그럴 땐 아예 전혀 다른 자극이 필요했다.

피아노를 치고, 그림을 그리고, 낯선 곳을 여행하는 일이 나를 다시

창의적으로 만들어주었다.

과열된 뇌를 환기하는 전환의 쉼.

쉼도 변하고, 나도 변한다.

나도 알아채지 못하는 어느 순간에, 나는 변한다.

한때 외향적이었다가도, 어느 날은 조용한 혼자만의 시간이 더

좋았고, 혼자가 익숙해질 즈음엔, 다시 사람들과의 대화가

그리워지기도 했다.

우리는 늘 바뀌지만, 그 변화가 우리를 더 좋은 방향으로 이끌 수 있도록, 스스로를 들여다보는 연습은 계속되어야 한다.

그러면서 점점 알게 됐다.
중요한 건, "지금 이 순간의 나에게 맞는 쉼은 무엇일까?"
라는 질문을 놓지 않는 것이다.

내가 어떤 성향인지보다,
내가 지금 어떤 상태인지에 더 귀 기울이는 것.
그게 진짜 '쉼의 감각'을 회복하는 첫걸음이었다.

이 장에서 기억할 것

- 쉼은 하나로 고정된 방식이 아니다.
- 직업, 환경, 감정 상태에 따라 유연하게 바뀔 수 있다.
- 나의 쉼도 주기마다, 계절마다, 하루마다 달라질 수 있다.
- 중요한 건 "지금 나에게 필요한 쉼은 무엇인가?"라는 질문을 놓지 않는 것.

오늘의 쉼 Tip: 나만의 쉼 설계 질문 5가지

1. 지금, 가장 피곤한 건 몸인가, 마음인가, 머리인가?
2. 이번 주 나를 가장 지치게 만든 일은 무엇이었나?
3. 요즘 내가 가장 자주 찾는 장소나 행동은?

   (그 안에 힌트가 있다!)
4. 예전엔 나를 회복시켰던 쉼 루틴이 있었을까?

   지금도 여전히 효과가 있을까?
5. 오늘 하루, 단 10분이라도 '쉼'이라는 이름을 붙일 수 있는 시간이 있었는가?

그리고 나는, 오늘도 나를 돌본다

쉼은 단순히 아무것도 하지 않는 시간이 아니다.
쉼은 '지금의 나를 이해하고, 다정하게 돌보는 방식'이다.
나에게 맞는 쉼은 지나온 삶을 비추고, 앞으로의 나를 준비하게 해주는 조용한 시작이 된다.

그러니 지금, 당신에게 가장 필요한 쉼은 무엇인가?

잠깐 멈춰 서서, 그 질문을 스스로에게 조용히 던져보면 좋겠다.

쉼의 방식도 우리의 마음도 조금씩 변한다.
결국 우리는 조금 더 자기 자신에게 따뜻하게 대할 수 있는 사람이 되고 싶을 뿐이다.

사실, 개인의 결심만으로는 어려운 쉼

Rest Is Not a Reward. It's a Right.
쉼은 보상이 아니라, 권리입니다. 누구의 허락도 필요하지 않습니다.
사회가 쉼을 죄악시한다면, 그 사회는 과연 건강할 수 있을까요?

여초 회사에서 남자 육아휴직하기

한 공공기관 연구원에서, 처음으로 '남자'가 육아휴직을 썼다.

코로나로 바쁘고 혼란스러웠던 시기,

그는 "지금 아니면 가족을 돌볼 수 없다"며

조용히 육아휴직을 신청했다. 반응은 갈렸다.

"지금?", "와이프가 쉰다는데, 왜?"

"지금 쉬면 팀은 어쩌라는 거야."

일각에서는 곱지 않은 시선도 있었다.

하지만 신기하게도,

먼저 동료 남자들이 그를 지지하기 시작했다.

그리고 여자 동료들도 말했다.

"남자도 육아휴직을 써야, 여자들도 덜 고단하죠."
"이게 맞는 거예요. 누군가 시작을 해야 바뀌죠."

그의 쉼 이후, 다음 사람도, 그다음 사람도
눈치 덜 보고 육아휴직을 쓰게 되었다.

그는 조용히 쉬었을 뿐인데,
그 쉼 하나가 조직 전체의 공기를 조금 바꾸었다.

누군가 먼저 쉰다는 것.
그건 단순한 쉼이 아니라,
모두의 회복을 여는 첫걸음일지도 모른다.

회식 대신 집에 가겠습니다

한 공공기관의 젊은 주무관이 승진 대상자들을 위해 마련한 회식 자리에 참석하지 않았다. 그는 조용히 답했다.
"오늘은 가족과 저녁 약속이 있습니다."

사람들은 앞에서는 가만히 있고 뒤에서는 수근거렸다.

"아니 이렇게 빠져도 돼?", "요즘 애들 진짜 다르다."

"팀장님은 뭐라고 안 하셔?"

하지만 이상하게도,

다음부터는 회식 참석 여부를 묻는 분위기가 생겼다.

"오늘 괜찮으세요?", "빠지셔도 됩니다."

팀원들도 하나둘, 각자의 저녁을 선택하기 시작했다.

그는 그냥 집에 갔을 뿐이었다.

그런데 그 쉼은

'관계도 쉬어야 한다'는 분위기를 만들었다.

그의 침묵은 결례가 아니라,

자기 삶을 지키는 조용한 선택이었다.

우리 사회가 조금은 너그러워지길 바라며

   아무리 "잘 쉬는 게 중요하다"고 말해도 현실은 그렇게 쉽지가 않다.

지금 이 순간에도, 수많은 사무직이 점심시간에 눈치 보며
휴게실로 향하고, 감정노동자는 '쉬는 척'조차 할 수 없고,
사람이 소진되는 일정을 '크런치 모드'라 부른다.

듣기 좋은 말 뒤에 숨겨진 건, 쉼 없이 일하는 시스템이다.
"쉬어도 돼요"라는 말을 입으로는 하지만,
정작 어떤 조직은 그 쉼을 실적으로 평가하고
그 쉼의 부재를 성실함으로 착각한다.

이런 사회에서 누가 감히 "저 좀 쉬겠습니다."라고 말할 수 있을까.

그런데도 우리는 모두 말해야 한다. 쉼은 죄가 아니다.
그리고 그 쉼은 결국, 모두를 살릴 수 있다.

이제부터는
각자의 자리에서, 각자의 방식으로,
제대로 잘 쉬는 연습을 해보자.

,,,,
쉼 넷

오늘의 쉼, 당신의 선택은?

변화하는 나를 위한 일상의 쉼 루틴

당신은 오늘 어떤 쉼이 필요한가요?

쉼은 흐름이다. 사람들은 쉼을 단순하게 생각하지만 쉼은 늘 같은 모습일 수 없다. 어제의 내가 오늘의 나와 다르듯 어제의 쉼이 오늘의 쉼이 될 수는 없다.

너무 어렵게 생각하지 않아도 된다. '늘 같은 방식으로 쉬어야 한다'는 강박도 이제는 놓아주자.

쉼은 억지로 만드는 것이 아니다. 내 몸과 마음이 필요로 할 때 스며들듯 자연스럽게 찾아오는 것이다. 삶이 유동적인 것처럼 쉼도 그래야 한다.

어제의 방식이 오늘 나를 충전시켜줄 거라는 보장은 없다. 그때그때 나에게 맞는 쉼을 선택하는 일이 중요한 하다. 어떤 날은 멍하니 있는 것이 필요하고 어떤 날은 몸을 움직이며 기분을 환기하는 게 나을 수도 있다. 중요한 건 지금 내 몸과 마음이 원하는 것이 무엇인지 살피는 일이다. 쉼은 단순한 멈춤이 아니라 흐름 속의 회복이다.

우리는 흔히 쉼을 '아무것도 하지 않는 상태'로만 생각하지만 진짜 쉼은 멈춰 있는 것이 아니다. 어제는 혼자 있는 게 편했지만 오늘은 외로울 수 있다. 지난주에는 조용한 명상이 좋았지만 이번 주는 음악에 몸을 맡기는 게 더 살아 있는 기분을 줄 수 있다.

쉼은 고정된 것이 아니다. 내 안의 리듬과 함께 끊임없이 변화한다. 불교는 삶을 '변화의 연속'이라 말한다. 모든 것은 매순간 달라지고 멈춰 있지 않는다. 이것이 무상이다. 쉼도 마찬가지다. 지금 이 순간 나에게 필요한 쉼을 찾는 것, 그것이 진짜 쉼이다.

불교는 또 무아를 이야기한다. 우리는 '나'라는 존재가 고정되어 있다고 믿지만 사실 감정도 생각도 취향도 매 순간 달라진다. 어제 좋아하던 것이 오늘은 시시할 수 있고 예전엔 낯설었던 것이 지금은 익숙하고 편할 수 있다.

오늘의 나는 어제와 다르고 내일은 또 다를 것이다. 쉼 역시 그렇다. 지금 내게 필요한 쉼을 찾는 그 과정 자체가 쉼의 본질이다.

쉼은 혼자만의 것이 아니다. 주변의 환경과 관계 속에서 만들어진다. 흐린 날엔 조용한 음악과 따뜻한 차가 어울리고, 맑은 날엔 공원을 걷는 일이 더 자연스럽다. 머리가 복잡할 땐 혼자 사색하기보다는 친구와의 대화가 더 큰 위로가 될 수도 있다. 쉼은 감정과 외부 환경에 따라 달라지는 유기적인 감각이다.

불교는 모든 것이 관계 속에서 영향을 주고받는다고 말한다. 이를 연기라 한다. 사람, 사물, 감정, 생각—세상 모든 것은 연결되어 있고, 하나의 원인은 다른 결과를 낳는다. 쉼도 마찬가지다.

우리는 때로 나 자신이 어떤 사람인지조차 헷갈린다. 어떤 날의 나는 참 따뜻하고 좋은 사람 같다가도 어떤 날은 내가 너무나 별로인 사람처럼 느껴진다. 스스로가 낯설고 실망스럽기도 하다. 쉼이 더 필요해지는 순간은 대개 그런 날이다. 나조차 나를 잘 모르겠는 날, 내 마음 깊은 곳에 잠시 머물러 지금의 나를 조용히 바라보는 시간. 그게 바로 쉼이다.

쉼이 필요함에도 무엇이 나를 진정으로 쉬게 하는지 모를 때가 있다. 그럴수록 중요한 건 지금 이 순간의 나를 있는 그대로 받아들이는 것이다. 쉼은 단순한 멈춤이 아니라 나를 들여다보고 다시 나아가기 위한 부드러운 흐름이다.

강박을 내려놓는 순간, 쉼이 시작된다. 쉼조차 완벽해야 한다고 믿지만, 쉼은 물처럼 바람처럼 자연스럽게 스며드는 것이다.

어떤 날에는 혼자 있어야 비로소 마음이 놓이지만 같은 스트레스를 받아도 다른 날엔 누군가와 함께 있는 것이 더 위로가 되기도 한다. 감정은 고정된 것이 아니고 쉼도 마찬가지다. 결국 쉼은 내 안의 흐름과 외부 환경이 함께 만들어내는 순간이다.

어릴 적 절에 다니며 연기와 무상의 개념을 들었지만 그것이 내 삶의 전체, 쉼의 방식과도 깊게 닿아 있음을 느낀 건 훨씬 뒤의 일이다.

쉼은 정해진 틀 속에 있는 게 아니다.
지금 이 순간, 나에게 맞는 쉼을 찾는 일. 그게 전부다.

10가지 쉼의 유형

쉼이란 결국 나를 이해하는 과정이다.
그렇다면 오늘의 나는 어떤 쉼을 원하고 있을까?

고요한 쉼 - 아무것도 하지 않을 자유

우리는 종종 '아무것도 하지 않으면 안 될 것 같은' 불안 속에 살아왔다. 쉼조차 무언가를 해야만 얻을 수 있는 것처럼 느껴질 때가 많았다. 하지만 정말 그럴까.

고요한 쉼은 아무것도 하지 않는 상태, 그 자체에서 오는 회복이었다. 억지로 애쓰지 않아도, 조용히 앉아 숨소리를 느끼고 창밖의 구름을 따라 마음을 띄워보는 일. 그저 그 자리에 가만히 머무는 일. 말이 아닌 침묵 속에서, 움직임이 아닌 멈춤 속에서, 우리는 비로소 내면의 목소리를 마주하게 된다.

아무것도 하지 않는 시간이 낭비처럼 느껴질지도 모른다. 하지만 그 시간은 우리에게 다시 살아갈 여백을 만들어준다. 무엇을 해야만 존재의 의미가 생기는 게 아니다. 때로는 아무것도 하지 않을 자유 속에서 삶은 더 단단해진다.

세상은 끊임없이 더 빨리, 더 많이 하라고 말하지만 쉼은 말해준다. 잠시 멈춰도 괜찮다고. 아무것도 하지 않아도 된다고. 그 고요 속엔 나의 숨결과 감정, 살아 있다는 감각이 있다.

고요는 결핍이 아니라 충만이었다.
도망이 아니라 귀환이었다.
그 무엇도 하지 않는 그 순간, 우리는 이미 충분히 쉬고 있었다.

어떤 날은 아무런 자극 없이 조용한 시간이 간절하다. 세상이 너무 빠르게 흐르고, 나조차도 그 속도를 따라가기 벅찰 때가 있다. 그런 날이면 아무 말 없이 방 안에 누워 천장을 바라보거나, 창밖의 나무가 바람에 흔들리는 모습을 바라보는 것만으로도 충분하다.

우리는 매일 넘치는 정보와 자극 속에 산다. 손끝에서 쉴 새 없이 바뀌는 화면들, 멈추지 않는 생각들 속에서 종종 스스로를 잃어버린다. 그래서 가끔은 아무것도 하지 않을 자유가 꼭 필요하다.

아침에 눈을 떴을 때, 급히 일어나지 않아도 되는 날이 있다. 그런 날엔 창문을 열고 천천히 들어오는 햇살과 살랑이는 바람을 느껴보자. 스마트폰은 잠시 꺼두고 계획도 내려놓자. 오직 내 숨소리와 주변의 작은 소리에만 귀를 기울이는 것. 몸은 가만히 있지만, 우리는 더 깊이 세상을 느끼고 있다.

아무것도 하지 않는다는 건 실은 더 깊이 있는 무언가를 하고 있는지도 모른다. 고요한 쉼 속에서 우리는 진짜 나 자신과 마주할 기회를 얻는다.

역동적인 쉼 - 몸이 움직일 때, 마음도 쉰다

쉼은 늘 고요한 것만은 아니었다.

때로는 멈춤이 아니라, 움직임 속에서 진짜 쉼이 시작되기도 했다. 고요가 내면을 어루만졌다면, 역동은 나를 다시 삶으로 이끌었다.

몸을 움직이고, 흔들고, 뻗어내며 땀을 흘리는 순간 굳어 있던 감정이 천천히 풀렸고 생각으로 가득했던 머릿속은 서서히 비워졌다. 쉼은 정적인 상태가 아니라 에너지가 순환하는 흐름으로 다가왔다.

생각이 많아질수록 나는 자주 갇혔다. 그럴수록 몸은 멀어졌고 마음은 무거워졌다. 그럴 땐 가만히 있는 것보다 움직이는 게 나았다 가볍게 뛰거나 등산을 하고 음악을 틀고 리듬에 나를 맡기는 일, 그 단순한 몸짓들이 머리보다 앞서서 나를 구해냈다.

움직이는 쉼은 무기력과 긴장을 깨우는 에너지였다. 멈춰 있던 감정이 흐르고 닫혀 있던 마음이 열렸다. 몸이 살아나는 순간 나도 살아 있다는 걸 실감했다.

내면의 휴식은 고요 속에만 존재하지 않았다. 때로는 강렬한 생동감 속에서도 새롭게 피어나기도 했다.

'쉼은 정적이어야 한다'는 믿음은 생각보다 오래된 고정관념이다. 어떤 날엔 정적이 필요했지만 또 어떤 날엔 역동이 더 간절했다.

쉼은 하나의 모습으로 정해지지 않았다. 흐름이었다. 지금의 나에게 맞는 리듬을 찾아가는 여정이었다.

몸이 지쳤을 땐 가만히 있어야 한다고 생각했지만 어쩌면 가장 나를 회복시키는 건 몸을 움직여 에너지를 순환시키는 일이었다.

천천히 산책할 때, 빠르게 뛸 때, 요가로 긴장을 풀면서 가볍게 땀을 흘릴 때 머릿속이 맑아지고 마음이 가벼워졌다.

움직임은 생각의 속도를 바꾸고 신체와 마음의 균형을 다시 맞췄다. 하루 동안 눌러두었던 감정들이 움직임 속에서 조용히 풀려나갔다. 생각의 속도를 늦추고 마음을 가라앉혔다. 역동적인 쉼은 그렇게, 내 감각을 깨우고 필요한 에너지를 다시 불러왔다.

가만히 있는 것이 답답하게 느껴지는 날이 있다.
그럴 땐 움직이며 쉬어보자. 그것도 충분히 좋은 휴식이니까.

감각적인 쉼 - 소리, 향기, 촉감이 주는 위로

쉼은 생각에서 멀어질수록 가까워졌다. 복잡한 마음을 어떻게든 정리하려 애쓸수록 쉼은 더 멀어졌고, 오히려 단순한 감각에 집중할 때 비로소 나를 찾아왔다.

눈을 감고 소리에 귀를 기울이고, 코끝을 스치는 향기에 마음을 열며, 손끝에 닿는 감촉에 집중하는 그 순간.

쉼은 머리가 아닌, 몸을 통해 다가왔다.

감각적인 쉼은 설명되지 않아도 이해되었다. 따뜻한 물에 발을 담그는 일, 좋아하는 향을 은은하게 피우는 일, 부드러운 촉감의 이불을 온몸으로 감싸는 일. 그 모든 순간이 내게 속삭였다. "지금 이대로도 괜찮다"고. 그것은 치유였고 안심이었으며 고요한 위로였다.

우리는 종종 감각을 무심히 지나친다. 바쁘게 움직이는 일상 속에서 느끼기보다 생각하는 데 익숙해졌기 때문이다. 하지만 감각은 늘 곁에 있었다. 향이 주는 안정감, 소리가 주는 평온, 촉감이 주는 따스함은 말보다 깊게 마음에 스며든다.

쉼은 거창하거나 멀리 떠나야만 가능한 일이 아니었다. 나를 감싸고 있는 작은 감각들을 천천히 들여다보는 일, 그 자체가 감정의 균형을 회복시켜준다.

감각을 통해 마음을 돌보는 이 쉼은, 일상 가장 가까운 곳에서 시작된다.

아무 말 없이 음악을 듣는 시간이 좋다. 새벽 공기 속 풀냄새를 맡는 시간이 좋다. 부드러운 이불에 몸을 맡기는 시간이 좋다. 때로 쉼은 아무것도 하지 않는 것처럼 보이지만, 오히려 더 풍부하게 살아있는 순간이 된다. 몸과 마음이 천천히 숨 쉬며, 오감으로 세상을 느끼는 그 시간이 그렇다.

감성적인 음악을 들으며 마음의 긴장을 푸는 것, 촛불을 켜고 아로마 향을 깊이 들이마시는 것, 부드러운 담요를 끌어안는 것,

따뜻한 물에 발을 담그고 천천히 긴장을 푸는 것, 향기로운 오일을 뿌리고 조용히 숨을 고르는 것. 이 모든 순간이 감각적인 쉼이다.

쉼은 늘 대단하거나 특별할 필요는 없다. 단지 오감을 열어 그 순간을 충분히 느끼는 것만으로도 우리는 이미 깊은 위로를 받을 수 있다. 바쁜 일상 속에서도 오감을 통해 위로 받고 위안을 찾는 일. 그것이 바로 감각적인 쉼이 주는 특별한 선물이다.

사회적 쉼 - 나누는 대화 속에서 쉬어가기

쉼은 꼭 혼자 있어야만 가능한 것이 아니었다. 때로는 누군가와 나눈 짧은 한마디, 따뜻한 눈빛, 가만히 들어주는 귀 하나가 더 깊은 쉼이 되기도 했다. 혼자만의 시간이 필요한 날이 있는가 하면, 연결이 필요한 날도 있었다. 사회적 쉼은 바로 그 연결의 순간에서 시작되었다.

조용히 이야기를 털어놓을 수 있는 사람이 있다는 것. 아무런 판단 없이, 그저 그랬어? 하고 말해주는 존재가 곁에 있다는 것. 그건 단순한 소통을 넘어서는, 진짜 쉼의 공간이었다.

말하면서 정리되고, 듣는 동안 풀어지고, 대화 속에서 나 자신을 다시 만나게 되었다.

우리는 종종 지친 마음을 감추려 하고, 혼자 감당하려 애쓰지만, 그럴수록 마음은 더 무거워졌다. 반대로 누군가와 마음을 나누는 순간, 감정은 흘러가고 고여 있던 생각은 움직이기 시작했다. 나누는 대화는 감정의 순환을 가능하게 했고, 그 안에서 나도 조금씩 가벼워졌다.

사회적 쉼은 많은 사람 사이에 있을 필요는 없었다. 단 한 사람과의 진심 어린 교류만으로도 충분했다. 연결은 숫자가 아니라 진정성이었다. 누구와 함께 있느냐, 어떤 말을 주고받느냐, 어떻게 들어주느냐. 그런 작지만 깊은 나눔 속에서 우리는 서로의 쉼이 되어주었다.

쉼은 반드시 고요하지 않아도 되었다. 말과 말 사이, 마음과 마음 사이에서 숨 쉬듯 이어지는 순간. 그 안에서 우리는 잠시 멈추었고, 편안하게 기대었다.

친구와 가벼운 농담을 나누거나, 가족과 일상적인 대화를 하는 순간에도 우리는 쉼을 느낀다. 부담 없는 대화는 마음속 긴장을 풀고, 사람과의 연결 속에서 혼자가 아니라는 안정감을 준다. 때로는 말하지 않아도, 그저 누군가와 함께 있다는 것만으로도 우리는 위로를 얻는다.

사회적 쉼은 고요함 속에 숨겨진 따뜻한 교류였다. 서로의 이야기를 듣고 나누는 동안 긴장은 풀리고, 관계는 다시 따스한 온기로 채워진다. 마음의 고립을 방지하고, 우리를 조금 더 단단하게 해주는 쉼. 그것이 바로 마음이 오가는 사이에서 자라난 위로였다.

창의적인 쉼 - 무언가를 만들며 쉬는 시간

쉼은 때때로 새로운 것을 만들어내는 과정 속에서 태어났다. 텅 빈 시간을 채우기 위해서가 아니라, 안에서 차오르는 감각을 밖으로 흘려보내기 위해. 창의적인 쉼은 그 자체로 회복이자 표현이었다. 말로 다 설명할 수 없는 마음의 결을, 나만의 방식으로 다듬고 그리는 일. 그것은 소모가 아닌 치유였다.

무언가를 만들고 있을 때, 우리는 세상의 시간에서 잠시 벗어나 있었다. 글을 쓰거나, 그림을 그리거나, 음악을 연주하거나, 조용히 손으로 무언가를 만드는 그 순간들. 결과나 완성도가 중요한 게 아니었다. 몰입과 자유, 그 자체가 우리를 쉼의 결로 이끌었다.

창의적인 쉼은 흔히 떠올리는 휴식의 이미지와는 조금 달랐다. 그것은 능동적이고, 능숙하지 않아도 좋았으며, 무엇보다 나만의 세계를 여는 일이었다. 무언가를 만들어내는 일은 곧 내 안의 감정과 기억, 바람을 마주하는 방식이었고, 손끝을 타고 흘러나오는 마음은 나를 조용히 위로했다.

우리는 늘 잘해야 한다는 압박 속에 살아간다. 하지만 쉼으로서의 창의는 '잘함'이 아닌 '자기다움'에서 비롯된다.

어색해도 좋고, 서툴러도 괜찮았다. 아무도 보지 않아도 되는 이 창조의 시간 속에서, 우리는 나에게 가장 진실해질 수 있었다.

쉼은 때로 받아들이는 것이기도 했지만, 이렇게 스스로 만들어내는 것이기도 했다. 창의적인 쉼은 나만의 우주를 짓는 일이었고, 그 안에서 나는 비로소 숨을 돌릴 수 있었다.

어느 휴일, 아무 목적 없이 책상 위에 놓인 빈 종이에 색연필을 끄적이기 시작했다. 그저 손이 가는 대로 움직이다 보니, 의미 없는 낙서 같던 선과 색들이 서서히 모여 나만의 작은 세계를 만들어갔다. 그 과정 속에서 머릿속의 복잡한 생각은 풀어지고, 마음의 짐은 손끝을 따라 흘러내렸다. 그림을 잘 그릴 필요도, 멋진 작품을 완성할 필요도 없었다. 색을 칠하고 선을 그리는 그 자체가 놀이이자 휴식이었다.

글쓰기 역시 마찬가지다. 멋진 문장이나 감동적인 스토리를 써야 한다는 강박에서 벗어나, 나만을 위한 글을 쓰기 시작하면 글쓰기는 창작이 아닌 마음의 휴식이 된다.

일상의 감정, 스쳐 가는 풍경, 문득 떠오른 생각을 부담 없이 적다 보면 내면을 들여다보는 시간이 된다. 그렇게 한 줄 한 줄 채워가는 문장 속에서 숨어 있던 감정과 생각들이 부드럽게 흘러나오며, 비로소 편안함을 느끼게 된다.

무언가를 만드는 일은 종종 의무처럼 여겨지지만, 그 본질은 놀이이자 쉼에 가깝다. 완벽함을 추구하지 않고, 결과에 집착하지 않으며, 만드는 행위 자체에 몰입할 때 창의성은 진정한 휴식이 된다. 손끝으로 무언가를 만들며 우리는 내면의 긴장을 풀고, 마음 깊은 곳에서 오는 순수한 기쁨을 맛본다.

그래서 창의적인 쉼은 비움이기도 하고, 동시에 채움이다. 손끝으로 작은 무언가를 만들어가며 마음의 여백을 만들고, 그 여백 위에 다시 새로운 따뜻함과 즐거움을 채워 넣는다. 가끔은 텅 빈 쉼 대신, 손끝으로 무언가를 만드는 창의적인 쉼을 선택해보자. 그 시간이 전해주는 조용하고도 깊은 위로를 경험하게 될 것이다.

탐험적인 쉼 - 익숙함을 벗어나 새로움

쉼은 나만의 안전지대에서 머무르는 것만은 아니었다. 때로는 한 걸음 바깥으로 나아가는 일, 낯선 길에 몸을 맡기는 일이 더 깊은 쉼이 되기도 했다. 익숙함 속에서는 보이지 않던 감각들이, 새로운 풍경 앞에서는 선명해진다.

탐험적인 쉼은 그렇게 익숙함의 테두리를 벗어날 때 시작되었다.

매일 같은 장소, 같은 루틴 속에 있을 때 우리는 편안함과 동시에 무기력에 빠지기 쉽다. 반대로 방향을 틀고, 한 번도 가보지 않은 골목을 걷고, 다른 언어와 다른 문화에 나를 던져볼 때, 삶은 다시 생기를 되찾는다. 낯섦은 혼란이 아니라 확장이었고, 그 안에서 우리는 더 넓은 나를 만났다.

탐험은 꼭 멀리 떠나는 여행만을 의미하지 않았다. 가까운 동네의 작은 미술관을 들려보는 일, 평소 듣지 않던 음악을 들어보는 일, 익숙하지 않은 취향의 음식을 천천히 음미해보는 일. 그 모든 사소한 시도가 일상을 다시 낯설고 아름답게 보이게 만들었다.

쉼은 편안한 안정을 주지만, 때로는 불편함을 감수할 수 있는 용기이기도 했다. 익숙함은 우리를 포근히 품어주지만, 동시에 나를 가두는 견고한 울타리가 되기도 했다.

결국 쉼이란, 멈춰있는 것이 아니라 계속해서 나를 확장하는 일이었다.

새로운 공간과 경험을 통해 우리는 멈춰 있던 내면의 공기를 환기했고, 닫혀 있던 감각을 다시 여는 계기를 만들었다.

쉼은 항상 머무름이 아니었다. 떠나는 것도, 걷는 것도, 헤매는 것도 쉼이 될 수 있었다. 무엇보다 중요한 건, 그 움직임이 나를 위한웅 알게ㄸ 것이었는가 였다.

그렇게 나는 여행이 아닌 '확장'으로서의 쉼을 경험했고, 돌아와서는 조금 더 깊어진 나와 마주할 수 있었다.

일상을 벗어나 낯선 곳에 도착하면 모든 감각이 살아난다. 익숙한 도시를 떠나 처음 걷는 골목, 낯선 공기와 향기, 생소한 소리들이 한꺼번에 몰려온다.

심사원으로 여기저기 돌아다닐 땐, 가만히 쉬고 싶다는 생각만 가득했는데, 막상 재택근무로 편하게 지내니 이번엔 어디든 떠나고 싶어졌다. 한 곳에 오래 머물면 벗어나고 싶고, 떠돌아다니면 다시 머물고 싶어지는 이 모순이란.

역시 삶은 한쪽으로 치우치지 않는 균형이 필요하다.

우리는 평소 같은 공간에서 같은 생각을 반복하며 편안함을 느끼지만, 가끔씩은 이 흐름을 과감히 깨고 새로운 곳으로 떠나야 한다.

새로운 장소에 가면 작은 것에도 예민하게 반응하게 된다. 처음 보는 간판의 색깔, 들리지 않던 소음, 낯선 사람들의 말투와 행동까지.

이런 낯설음이 때론 긴장을 주지만, 이 긴장은 동시에 우리에게 생기를 준다. 평소 당연하게 여겼던 일상이 얼마나 특별한지 다시금 깨닫게 되며, 익숙함 속에서 무뎌졌던 감각들이 선명해진다.

탐험하는 쉼은 단지 신체적인 여행만이 아니다. 새로운 환경은 생각과 감정을 환기시켜 내면의 탐험으로 이어진다. 일상에선 숨겨져 있던 나 자신을 발견하기도 하고, 새로운 시각으로 삶을 바라보게 된다.

결국, 낯선 곳으로 떠난다는 것은 단지 환경을 바꾸는 것 이상의 의미를 지닌다. 그것은 내 안의 작은 변화를 이끌어내는 중요한 자극이 된다.

일상에서 벗어나 새로운 곳을 향한 작은 모험을 통해, 더 큰 쉼과 내면의 확장을 경험할 수 있다.

디지털 쉼 - 손에서 기기를 내려놓을 용기

우리는 손안의 세상과 너무 가까워졌다. 알림이 울리면 자동으로 반응하고, 화면을 쓸어 넘기는 일이 숨 쉬듯 자연스러워졌다. 일도 인간관계도 정보도 이 작은 기기에 연결되어 있으니, 기기를 내려놓는다는 건 단순히 '무언가를 하지 않는 것'이 아니라, 관계와 속도, 효율로부터 스스로를 잠시 분리해내는 일이 되었다.

언제부터 우리는 쉬는 시간조차 온전히 디지털 기기에 내어주게 되었을까. 업무 중간의 짧은 휴식, 친구를 기다리는 몇 분, 이동 중인 지하철 안에서도 습관처럼 스마트폰을 손에 들고 화면을 바라본다. 마치 무언가를 놓칠까 두려운 듯. 하지만 그 화면이 진정한 휴식을 주는지는 의문이다.

디지털 쉼은 어쩌면 이 시대에 가장 어려운 쉼일지도 모른다. 우리는 스스로를 '계속 연결되어 있어야 안심되는 존재'로 길들여왔다. 바쁘지 않으면 뒤처질 것 같고, 알림을 놓치면 흐름에서 밀려날 것 같고, 타인의 소식에 반응하지 않으면 단절될 것만 같은 두려움. 그 두려움은 멈춤보다 계속됨에 익숙해진 우리를 좀처럼 가만두지 않는다.

   그 수많은 연결 속에서,
     정작 나는 어디에도 닿지 못하고 있었는지도 모른다.

마음은 점점 조각났고, 집중은 파편화되었으며, 머물러야 할 감정들조차 읽지 못한 채 다음 콘텐츠로 넘겨버리기 일쑤였다. 우리는 덜 생각하고, 더 반응하게 되었고, 스크롤은 멈추지 않지만 마음은 오래 머물지 못했다.

디지털 쉼은 그런 나를 인식하는 데서 시작된다. 하루를 화면 너머만 바라보며 보낸다는 사실. 내 안의 공간이 점점 줄어들고 있다는 감각. 놓쳐버린 감정과 흩어진 집중력을 다시 불러오기 위해 필요한 건 아주 작고 단순한 행동일지 모른다. 기기를 내려놓는 일, 그리고 아무것도 없는 공간을 두려워하지 않는 용기.

아이러니하게도, 디지털 기기와의 연결을 끊는 순간 비로소 나 자신과의 연결이 시작된다. 창밖을 멍하니 바라보거나, 거리 위를 아무 생각 없이 걷는 순간. 그 고요한 틈에서 우리는 비로소 지금 이 순간에 머무를 수 있게 된다.

기기를 내려놓는다고 해서 세상과 단절되는 것은 아니다. 오히려 나의 근본으로 돌아가는 일에 가깝다. 침묵이 있어야 음악이 들리고, 여백이 있어야 형태가 드러나는 것처럼, 쉼표 없는 연결은 결국 아무것도 들리지 않게 만든다.

우리는 기기를 끄는 것이 아니라, 자신에게 다시 연결되기 위해 기기를 내려놓는다. 그것은 회피가 아니라 귀환이고, 단절이 아니라 회복이며, 느림이 아니라 깊음이다. 세상과 잠시 거리를 두며, 그 사이에 놓인 '나'라는 존재를 다시 선명하게 마주하는 일. 그것이야말로 디지털 시대에 우리가 배워야 할 가장 용감한 쉼의 방식이다.

디지털 디톡스는 단지 기기와 거리를 두는 행위가 아니라, '나를 위한 시간'을 만드는 용기이다. 하루 중 아주 짧은 시간이라도 알림을 끄고, 세상의 소음 대신 내면의 침묵을 마주하는 연습. 처음엔 어색하고 불안할 수 있지만, 그 고요함 속에서 자신을 찾게 되는 기쁨을 알게 된다.

디지털 연결은 우리에게 무한한 가능성과 편리함을 주었지만, 그 끊어냄의 용기를 통해서만 진정한 나와의 연결이 회복된다. 하루에 단 몇 분이라도 좋다. 용기를 내어 손에서 화면을 내려놓자. 그 짧은 쉼의 순간이 쌓이면, 우리의 삶은 훨씬 더 멋지고 풍성해질 테니까.

뇌가 좋아하는 '디지털 멈춤'

- 스마트폰 알림은 우리 뇌의 보상 회로를 자극해 집중력을 떨어뜨립니다.
- 화면을 멈추고 멍하니 있을 때 활성화되는 '디폴트 모드 네트워크'는 자기 성찰과 감정 정리에 중요한 역할을 합니다.
- 뇌는 바쁠 때보다 멈췄을 때, 오히려 나를 회복하고 새로 정리할 기회를 만납니다.

정신적인 쉼 - 생각을 놓아주는 순간

정신적인 쉼은 말처럼 쉽지 않다. 생각을 내려놓는다는 건, 우리가 할 수 있는 일 중 가장 어려운 일일지도 모른다. 왜냐하면 우리는 늘 생각하며 살아왔기 때문이다. 판단하고, 분석하고, 대비하고, 반성하며 버텨온 나날들. 그런 삶의 리듬을 잠시 멈춘다는 건 단순히 멍하니 있다고 해서 되는 일이 아니다.

멍 때리기나 명상과도 닮았지만, 정신적인 쉼은 조금 다르다. 그 둘보다 더 본질적인 지점, 바로 '생각으로부터 잠시 떨어져 있는 상태'에 가깝다. 뇌는 여전히 작동하고 있지만, 그 작동을 중심에 두지 않는 일. 그것이 이 쉼이 가진 독특한 결이다.

솔직히 말하자면, 그건 정말 어렵다. 누군가 "그냥 아무 생각하지 마"라고 말했을 때, 그게 말처럼 쉽게 되는 일이 아니라는 걸 우리는 안다. 오히려 생각하지 않으려 할수록 더 많은 생각이 몰려오기도 한다. 하지만 그 어려움을 안다고 해서, 시도조차 하지 말아야 한다는 뜻은 아니다.

정신적인 쉼은 '아무 생각도 하지 않는 상태'를 억지로 만들어내는 일이 아니다. 오히려 지금 이 순간, "내가 너무 많이 생각하고 있구나"를 알아차리는 것에서 시작된다. 그리고 그 생각을 꼭 따라가지 않아도 괜찮다는 걸 스스로에게 허락하는 것. 그 작은 인식만으로도 생각의 무게는 조금 가벼워진다.

우리는 너무 오랫동안 '깊이 생각하는 법'만 배워왔다. 그러나 때로는 '잠시 생각을 멈추는 법'도 필요하다. 문제를 해결하는 힘만큼이나, 문제를 잠시 내려놓는 유연함이 우리 삶에는 꼭 필요하다.

이 쉼은 멍하니 앉아 있는 것처럼 보일 수 있다. 명상처럼 보일 수도 있다. 그러나 본질은 다르다. 과도한 사고와 판단으로부터 나를 풀어주는 하나의 선택이자, 지금 여기서 나에게 가장 중요한 것이 무엇인지 조용히 들여다보는 시간이다.

정신적인 쉼은 결국, 생각을 끊는 것이 아니라 생각과 거리를 두는 연습이다. 그 거리를 통해 우리는 다시 나에게 돌아올 수 있다. 머릿속이 복잡할수록 오히려 '아무것도 생각하지 않는 연습'이 더 절실하다. 모든 걸 해결해야 한다는 강박을 내려놓고, 흘러가는 대로 놔두는 것. 완벽하지 않아도 괜찮다고 스스로를 다독이는 것. 그것이 바로 정신적인 쉼의 시작이다.

이 쉼은 특히 지금의 우리에게 더 절실하다. 빠르게 판단하고 즉각 반응해야 하는 시대 속에서, 생각은 도구가 아닌 생존의 본능이 되어버렸다. 그 속에서 감정은 자리를 잃고 밀려났고, 진짜로 피곤한 건 일이 아니라 끊임없이 돌아가는 생각과, 그 생각이 밀어낸 감정들이었다.

그래서 때로는 먼저 생각을 잠시 내려놓아야 한다. 그래야 비로소 그 뒤에 숨겨져 있던 감정의 무게를 들여다볼 수 있다. 정신적인 쉼은 감정 정리 쉼을 위한 통로이기도 하다. 이제 우리는 조금 더 안으로 들어가, 마음 한가운데 놓인 감정들을 마주할 준비가 되어야 한다.

가끔은 스스로에게 말해보자. "지금은 고민할 시간이 아니야."

지금 당장 해결하지 않아도 되는 문제를 의도적으로 미뤄보는 연습은, 복잡한 생각 속에서도 나를 숨 쉬게 해준다.
쉼이란 결국, 나 자신을 있는 그대로 인정하는 일인지도 모른다.

생각을 쉬게 하는 작은 연습

- 아무 생각도 하지 않으려 애쓰지 마세요.
  대신 "내가 너무 많이 생각하고 있구나" 하고 알아차리는 것부터 시작해보세요.
- 생각은 끊는 게 아니라 거리 두기가 중요합니다.
  그 거리는 감정을 만날 여백이 됩니다.
- "지금은 고민할 시간이 아니야."
  스스로에게 이 한마디를 건네 보세요.
  생각을 늦추면 감정이 따라 나옵니다.
- '해결'보다 '보류'가 필요한 순간도 있습니다.
  미뤄도 괜찮다는 허락, 그것이 진짜 쉼의 시작입니다.

감정 정리 쉼 - 내 마음을 돌보는 시간

생각이 잠잠해지면, 마음속 깊은 곳에서 천천히 떠오르는 것이 있다. 감정이다. 우리가 미처 바라보지 못했던, 혹은 애써 밀어두었던 마음의 진실들. 정신적인 쉼이 머릿속을 비워주는 과정이었다면, 감정 정리 쉼은 그 빈 공간에 남아 있던 감정을 조용히 들여다보고 다독이는 시간이다.

감정은 언제나 우리 곁에 있었지만, 너무 바쁘게 살아오느라 자주 외면해왔다. 슬펐던 순간도, 억울했던 일도, 이유 없이 불안했던 마음도. 우리는 그것들을 "이제 그만", "별일 아니야"라는 말로 덮으며 지나쳤다. 하지만 감정은 무시한다고 사라지지 않는다.

말하지 못한 마음은 쌓이고, 쌓인 감정은 결국 지나치게 예민한 반응이나 설명하기 어려운 무기력으로 드러나기도 한다.

감정 정리 쉼은 억지로 감정을 끌어내는 일이 아니다. 그저 잠시 멈춰 서서 "지금 나는 어떤 마음일까?" 하고 조용히 스스로에게 묻는 일이다. 때로는 말로 표현할 수 없는 감정도 있다. 그럴 땐 글로 적어보거나, 음악에 귀를 기울이거나, 눈을 감고 몸의 감각을 따라가도 좋다. 중요한 건 감정을 붙잡는 것이 아니라, 지나가게 허락하는 일이다.

감정은 나쁜 것도, 부끄러운 것도 아니다. 다만 이해받지 못할 때 더 큰 소음이 될 뿐이다. 이 쉼은 나 스스로의 마음을 들어주는 시간이다. "왜 이런 감정을 느껴?"가 아니라, "그랬구나, 그럴 수도 있지" 하고 다정하게 말해주는 연습. 그렇게 우리는 스스로의 가장 좋은 친구가 되는 법을 배운다.

감정을 정리한다고 해서 모든 것이 해결되거나 완벽히 정돈되는 건 아니다. 하지만 정리할 여유를 주는 것만으로도, 마음은 숨을 돌릴 수 있다. 감정 정리 쉼은 문제 해결의 기술이 아니라, 마음을 존중하는 태도에서 비롯된다. 그 태도는 삶의 어느 순간에도 우리를 지켜주는 힘이 된다.

정신적인 쉼이 생각과 거리를 두는 연습이라면, 감정 정리 쉼은 나의 감정을 적극적으로 마주하고 표현하는 과정이다. 오늘 나는 무엇 때문에 화가 났고, 어떤 일이 나를 기쁘게 했는지를 천천히 돌아보는 것. 혼자 있을 때 글로 써보거나, 믿을 수 있는 누군가에게 털어놓는 것도 좋다. 말로 하기 어렵다면 좋아하는 영화나 음악을 통해 간접적으로 감정을 흘려보내도 된다.

억누르기보다 돌보는 법을 배우는 것. 감정을 충분히 들여다보고, 자연스럽게 흘려보내는 과정은 마음을 비우고 진정한 편안함을 가져다준다. 그것은 아주 조용하고 사적인 쉼의 순간이며, 더 이상 감정에 휘둘리지 않기 위한 가장 부드러운 연습이기도 하다.

일상 속 쉼 - 특별하지 않아도 충분한 순간

커피 한 잔을 내리는 아침, 잠들기 전 불을 끄기 전의 조용한 정적, 버스 창밖을 바라보며 아무 말 없이 멍하니 앉아 있는 순간. 이런 것도 쉼일까 싶지만, 그렇다. 그런 것도 쉼이다.

우리는 쉼을 종종 너무 멀리서 찾는다. 어딘가로 떠나야 하고, 계획을 세워야 하며, 완벽한 조건이 갖춰져야만 비로소 쉼이라고 믿는다. 그렇게 쉼조차 하나의 과제가 되어버릴 때, 마음은 오히려 더 무거워진다.

하지만 쉼은 거창한 이벤트가 아니다. 삶의 틈새를 따라, 하루의 리듬 속에 스며드는 감각이다. 준비되지 않아도 괜찮고, 특별하지 않아도 충분하다. 오히려 그런 순간일수록 더 자주, 더 오래, 더 자연스럽게 나를 돌볼 수 있다.

일상 속 쉼은 작고 조용한 형태로 다가온다. 눈을 뜨고 햇살에 멈춰 선 아침, 출근길에 이어폰을 빼고 바람 소리를 들은 순간, 좋아하는 노래를 들으며 천천히 호흡하는 저녁. 그 모든 시간이 내게 말을 건다. 지금 이대로도 괜찮다고.

거창한 치유가 아니라, 그냥 "오늘도 잘 살고 있다"는 작은 인정 하나가 내일을 살아가게 만든다. 그리고 우리는 이제 안다. 쉼은 삶과 떨어진 특별한 이벤트가 아니라는 것을.

오히려 지금이 삶의 결 안에 스며들어야 진짜 쉼이 된다는 것을. 바쁜 하루 중에도 마음 한 귀퉁이만 살짝 열어두면, 그 안으로 쉼은 스며든다.

그렇기에 쉼은 특별하지 않아도 된다. 오히려 특별하지 않아서 더 오래, 더 자주, 더 자연스럽게 나를 돌볼 수 있다. 그리고 바로 그 순간들이, 결국 가장 깊은 쉼이 되어 우리 삶을 지탱해준다.

각자의 쉼이 빛나는 순간

 쉼에는 정답이 없다. 누군가는 고요 속에서 숨을 돌리고, 누군가는 음악이나 대화 속에서 회복된다. 또 어떤 이는 낯선 길을 걸으며, 몸이 움직이는 순간 비로소 살아 있다고 느낀다. 쉼의 모양은 사람의 수만큼 다르고, 그 다름은 비교의 대상이 아니라 각자의 빛이 된다.

 이 책을 따라오며 우리는 알게 되었다. 쉼은 단순한 멈춤이 아니었다. 움직임도, 창조도, 감정을 들여다보는 일도 모두 쉼이 될 수 있었다. 결국 쉼이란 '어떻게 쉬어야 하는가'를 고민하기보다, '지금 나에게 무엇이 필요한가'를 묻는 데서 시작된다는 것을. 그리고 그 질문에 귀 기울이는 태도 자체가 쉼이었다는 것을.

 어떤 날에는 사람들과 어울리는 대화가 힘이 되었고, 또 어떤 날에는 혼자 조용히 음악을 듣는 시간이 절실했다. 어제는 걷고 땀을 흘리는 일이 쉼이었다면, 오늘은 그저 눈을 감고 깊이 숨을 쉬는 것이 더 간절할 수 있다. 우리는 매일 달라지고, 그만큼 우리에게 필요한 쉼의 형태도 계속 바뀐다.

그래서 쉼은 늘 새롭고 유동적이다. 중요한 건, 타인의 쉼을 흉내 내지 않아도 된다는 사실이다. 누군가에게 효과적이었던 방법이 나에게는 피로가 될 수도 있고, 누군가에게는 아무것도 아닌 순간이 내겐 더할 나위 없는 위로가 되기도 한다. 쉼은 남에게 보여주기 위한 것이 아니라, 내 마음을 돌보는 일이기에 그렇다.

우리는 이제 누구의 기준도 아닌, 나만의 방식으로 쉼을 선택할 수 있는 사람이 되어야 한다. 그것은 스스로에게 솔직해지는 연습이며, 일상 속에서 나를 존중하는 태도다. 그리고 그런 선택은 아주 작은 변화처럼 보이지만, 언젠가는 삶 전체의 방향을 부드럽게 바꾸어 놓을 것이다.

쉼의 순간은 대단한 장면이 아닐지도 모른다. 눈에 띄지 않고 조용하게 지나갈 수도 있다. 하지만 분명히 존재하고, 어느 순간 우리를 붙들고 있다. 그 순간이 진심이라면, 그 쉼은 그 자체로 충분히 아름답다.

쉼은 결국, 자신을 이해하고 받아들이는 과정이다.

타인의 기준이 아닌, 나의 감정과 리듬에 귀 기울이며 나에게 맞는 쉼을 선택하는 순간, 우리는 단지 쉬는 것이 아니라 스스로를 품는 법을 배우게 된다.

잠시 멈춰서 나에게 물어보자. 지금 내가 원하는 쉼은 무엇일까. 마음은 이미 알고 있을지도 모른다. 몸을 눕히고 눈을 감는 것일 수도 있고, 햇살이 드는 창가에서 커피 한 잔을 마시는 것일 수도 있다. 혹은 아무 이유 없이 멍하니 앉아 있는 시간이 필요할 수도 있다.

그 목소리를 따라 딱 10분만이라도 실천해보자. 그 작은 순간을 진심으로 살아낼 때, 우리는 쉼을 통해 나를 다시 만난다.

그 순간은 어쩌면 삶에서 가장 절실하고 중요한 순간일지도 모른다.

,,,,,
쉼 다섯

쉼의 태도를 실천하다

오늘부터 잘 쉬는 나로 살기

오늘 하루, 쉼을 기록 해볼까요?

Action Plan 1 - 나의 쉼 패턴을 발견하는 첫걸음

 오늘의 쉼을 글로 남기는 순간, 단지 휴식을 취하는 걸 넘어 그 안에 어떤 의미가 담겨 있었는지를 알게 된다. 바쁜 일상 속에서 우리는 쉽게 나 자신을 잃어버린다. 그래서 멈춰야 한다. 오늘 하루 어떻게 숨 쉬었는지, 어떤 방식으로 쉬었는지 조용히 돌아보는 이 시간이야말로 나를 위로하는 순간이다. 마음 깊숙한 곳을 찬찬히 들여다보면, 일상의 작고 단순한 쉼이 얼마나 큰 안정과 온기를 주는지 알 수 있다. 이 페이지는 누구를 위한 것도 아니다. 오직 나만을 위한 공간이다. 나를 위한 쉼의 이야기를 써 내려가며, 앞으로 더 단단하고 풍성한 쉼을 만들어갈 수 있는 기록을 하나씩 남겨보자.

 하루의 끝자락에 앉아 펜을 쥐고, 잠시 숨을 고른다. 누구의 시선도 닿지 않는 이 조용한 자리에서, 오늘의 쉼은 어떻게 흘러갔는지를 떠올려본다.

아주 사소했던 순간일지라도, 그 안에 담긴 나의 마음을 조용히 살펴본다. 그 마음을 글로 옮기는 일. 그렇게 한 줄씩 적어가다 보면, 놓쳐버릴 뻔한 오늘의 쉼이 내 삶의 리듬으로 조금씩 스며들기 시작한다.

- **오늘 나는 어떻게 쉬었나요?**

    (예: 오늘은 오랜만에 따뜻한 차 한 잔을 우려내고 창가에 앉아 천천히 책장을 넘기며 시간을 보냈다. 평소 바빠 잊고 지냈던 책의 향기와 차의 온기를 오롯이 느끼며 마음의 여유를 되찾았다.)

- **쉼을 통해 어떤 기분이 들었나요?**

    (예: 따뜻한 차와 좋아하는 책이 주는 조용한 시간 덕분에, 정신의 긴장이 천천히 녹아내리는 걸 느꼈다. 마음 깊은 곳에 평온이 내려앉으며 한결 더 차분하고 부드러운 상태로 돌아갔다.)

- 앞으로 시도해보고 싶은 쉼의 방식은?

    (예: 다음 주말에는 새벽의 고요함 속에서 요가를 해보고 싶다. 몸과 마음이 동시에 깨어나는 그 시간을 통해, 새로운 활력과 내면의 고요를 마주해보고 싶다.)

쉼의 순간들을 조용히 기록해보세요.

지금 이 순간 내가 쉬고 있다는 사실, 나에게 맞는 쉼의 결이 어떤 모습인지,

그저 흘려보내지 않고 천천히 들여다보는 것만으로도, 우리는 조금씩 나를 이해하게 됩니다.

그렇게 하루하루, 작고 사적인 쉼의 조각들을 차분히 쌓아가다 보면 언젠가 쉼은 삶과 분리된 특별한 무언가가 아니라,
당연히 나와 함께 숨 쉬는 일상의 일부가 되어줄 거예요.

지치지 않기 위해 애쓰지 않아도 괜찮은 날,
그 쉼이 어느새 나를 지탱해주는 가장 조용하고 든든한 힘이 되어줄 테니까요.

나는 어떤 쉼이 어울리는 사람일까?

Action Plan 2 - 쉼 유형을 알아보는 셀프 테스트

쉼에도 얼굴이 있다.

조용한 명상의 얼굴, 몸을 움직이는 활동의 얼굴,

감각을 깨우는 얼굴.

누군가는 고요함 속에서 쉬고,

누군가는 대화 속에서 힘을 얻는다.

똑같은 쉼은 없다.

그러니 먼저 물어야 한다. 나는 어떤 쉼을 닮았을까?

바쁜 일상 속에서 우리는 너무 쉽게, 너무 자주 스스로를 잊는다.

마음의 속도도, 에너지의 결도 무시한 채 하루를 달린다.

그런 나를 다시 바라보기 위해서는, 잠깐 멈춰 스스로에게 물어보는 시간이 필요하다.

쉼을 잘 쉬기 위해서도, 나를 아는 일이 먼저다.

이 테스트는 그런 질문에서 출발한다.
지금의 나는 어떤 쉼에 끌리는지, 무엇이 나를 편하게 만드는지,
어떤 방식으로 충전되는 사람인지 스스로 확인해보는 시간.

그 답은 늘 정해진 틀 안에 있지 않다. 가장 높은 점수를 받은
항목이 꼭 '정답'일 필요도 없다. 그저 지금 내 안에 어떤 쉼의 감각이
머물러 있는지를 알아차리는 데서 의미가 생긴다.

아래 테스트를 통해 나에게 맞는 쉼 스타일을 찾아보자.

" 각 문항에 대해 **매우 그렇다(3점) / 그렇다(2점) / 아니다(1점) / 전혀 아니다(0점)**로 답해주세요."

1. 고요한 쉼 (내면 안정 & 혼자만의 시간)

- ❏ 조용한 곳에서 혼자 시간을 보내야 진짜 쉬는 느낌이 든다.
- ❏ 누군가와 오래 있으면 에너지가 빨리 소진된다.
- ❏ 명상, 독서, 저널링 같은 활동을 좋아한다.
- ❏ SNS, 전화, 메시지가 많을 때 스트레스를 받는다.
- ❏ 주말에는 아무 약속 없이 혼자 있는 시간이 필요하다.

✔ 점수 합산: (   )

2. 역동적인 쉼 (몸을 움직이며 쉬는 스타일)

- ❏ 가만히 있는 것보다 움직이면서 스트레스를 푼다.
- ❏ 운동(등산, 요가, 스포츠 등)을 하면 오히려 에너지가 충전된다.
- ❏ 반복적인 일상보다 변화와 새로운 경험이 필요하다.
- ❏ 너무 조용한 환경보다 활기찬 곳에서 쉬는 게 좋다.
- ❏ 친구들과 함께하는 활동(여행, 스포츠 등)이 나에게 쉼이 된다.

✔ 점수 합산: ( )

-

3. 감각적인 쉼 (후각·청각·촉각 활용)

- ❏ 특정한 향(아로마, 향초, 커피 등)이나 음악이 나를 편안하게 만든다.
- ❏ 마사지, 따뜻한 목욕을 하면 스트레스가 풀린다.
- ❏ ASMR(파도 소리, 빗소리 등)이나 싱잉볼 소리를 들으면 마음이 안정된다.
- ❏ 부드러운 촉감의 옷이나 이불이 나를 힐링시킨다.
- ❏ 조명, 향기, 배경 음악이 있는 곳에서 쉬는 걸 좋아한다.

✔ 점수 합산: ( )

-

4. 사회적 쉼 (사람들과 함께 쉬어야 충전됨)

- ❏ 혼자 있으면 외롭고, 사람들과 있어야 편안하다.
- ❏ 친구와의 대화가 스트레스 해소에 도움이 된다.
- ❏ 독서나 명상보다는 대화를 나누는 것이 더 힐링된다.
- ❏ 함께하는 활동(요리, 전시회 방문, 독서 모임 등)이 즐겁다.
- ❏ 모르는 사람들과도 쉽게 친해질 수 있는 편이다.

✔ 점수 합산: (   )

-

5. 창의적인 쉼 (창작을 통해 스트레스 해소)

- ❏ 쉬는 시간에 그림, 글쓰기, 음악 등 창작 활동을 하고 싶다.
- ❏ 단순한 쉼보다 뭔가 만들어내는 과정이 즐겁다.
- ❏ 완벽한 결과보다 창작하는 과정 자체가 힐링된다.
- ❏ 새로운 아이디어가 떠오를 때 가장 행복하다.
- ❏ DIY, 컬러링북, 요리 등 창작 활동을 하면 시간이 순식간에 지나간다.

✔ 점수 합산: (   )

-

6. 탐험적인 쉼 (새로운 경험 & 장소 탐방)

- ❏ 새로운 곳을 탐방해야 쉰다는 느낌이 든다.
- ❏ 같은 장소에 반복적으로 가는 것보다 새로운 공간을 가는게 좋다.
- ❏ 여행이나 액티비티를 통해 스트레스를 푸는 편이다.
- ❏ 새로운 경험이 나에게 활력을 준다.
- ❏ 가만히 있는 것보다 뭔가 새로운 걸 배우는 게 즐겁다.

✔ 점수 합산: (   )

-

7. 디지털 쉼 (완전한 정보 차단 & 디지털 디톡스)

- ❏ SNS와 스마트폰이 피곤하게 느껴질 때가 많다.
- ❏ 디지털 기기를 꺼두고 조용히 있는 시간이 필요하다.
- ❏ 정보 과부하가 스트레스로 느껴질 때가 있다.
- ❏ 하루 종일 전자기기 없이 지내면 오히려 개운하다.
- ❏ 아날로그 감성(필름 카메라, 라디오 등)이 좋다.

✔ 점수 합산: (   )

-

8. 정신적인 쉼 (마음 정리 & 내면 탐색)

- ❏ 감정보다 생각을 정리하는 것이 더 중요하다고 느낀다.
- ❏ 하루를 돌아보면서 깊이 있는 사색을 하는 시간이 필요하다.
- ❏ 심리학, 철학, 인문학과 같은 주제의 책을 읽는 것이 힐링이 된다.
- ❏ 내 미래 계획이나 목표를 정리하는 것이 나를 안정시킨다.
- ❏ 조용한 공간에서 혼자 사색하거나 글을 쓰면 마음이 정리된다.

✔ 점수 합산: (   )

-

9. 감정 정리 쉼 (감정을 해소하고 정리하는 쉼)

- ❏ 감정을 쌓아두지 않고 표현해야 스트레스가 풀린다.
- ❏ 슬픈 영화나 음악을 들으면서 감정을 흘려보내는 편이다.
- ❏ 기분이 복잡할 때 일기나 글을 쓰면 감정이 정리된다.
- ❏ 눈물이 나면 참고 싶지 않고, 오히려 울면 속이 시원해진다.
- ❏ 심리상담이나 코칭을 받으면 마음이 가벼워진다.

✔ 점수 합산: (   )

10. 일상 속 쉼 (계획 없이 누리는 일상형 휴식)

- ❏ 여행이나 특별한 계획 없이도 일상 속에서 충분히 쉼을 느낄 수 있다.
- ❏ 방을 정리하거나 인테리어를 바꾸면 기분이 전환된다.
- ❏ 차나 커피를 한 잔 마시면서 창밖을 보는 시간이 힐링이 된다.
- ❏ 반려동물과 시간을 보내는 것이 나에게 큰 위로가 된다.
- ❏ 너무 바빠서 쉼을 위해 따로 시간을 내는 것이 마음에 부담이 된다.

✔ 점수 합산: (   )

테스트 결과 해석

✔ 가장 높은 점수의 유형이 지금 당신에게 필요한 쉼이에요.

✔ 점수가 비슷하다면, 두 가지 쉼이 함께 필요할지도 몰라요.

✔ 결과에 따라 다음 페이지 - Action Plan 3을 참고하여 당신만의 쉼 루틴을 실천해보세요.

- 고요한 쉼 → 명상, 조용한 카페에서 독서, 저널링
- 역동적인 쉼 → 스포츠, 페스티벌, 아웃도어 활동
- 감각적인 쉼 → 아로마 테라피, 싱잉볼, 따뜻한 목욕
- 사회적 쉼 → 힐링 카페, 대화 중심의 모임, 협업 취미
- 창의적인 쉼 → 그림 그리기, 음악 연주, DIY
- 탐험적인 쉼
  → 여행, 전시회 방문, 익숙하지 않은 취미 도전
- 디지털 쉼 → 하루 동안 SNS OFF, 디지털 디톡스, 아날로그 활동 즐기기
- 정신적인 쉼 → 명상, 사색, 철학적 독서, 에세이 쓰기
- 감정 정리 쉼
  → 감성적인 영화보기, 일기쓰기, 심리 상담 받기
- 일상 속 쉼
  → 커피 한잔 마시기, 심호흡 하기, 기지개 펴기, 멍 때리기

쉼은 거창하지 않아도 괜찮습니다.

지금 떠오른 것, 지금 당장 할 수 있는 것부터 천천히 시작해보세요.

그리고 언제든 마음이 복잡해질 때마다 이 책을 펼쳐보세요.
당신만의 쉼은, 늘 거기에서 조용히 기다리고 있을테니까요.

내게 맞는 일상의 쉼 루틴 만들기

Action Plan 3. - 쉼 유형별 실천 가이드

쉼에도 얼굴이 있다. 그리고 그 얼굴은 누구에게나 다르게 다가온다. Action Plan 2에서는 쉼의 유형 테스트를 통해 '지금의 나'를 가만히 들여다보았다. 고요한 쉼, 역동적인 쉼, 감각적인 쉼, 감정 정리 쉼 ─ 쉼은 다양했고, 그 어떤 것도 틀리지 않았다.

중요한 건 그 감각을 내 삶의 결대로 이어가는 일이다. 단순히 알고 지나가는 것이 아니라, 나에게 맞는 방식으로 살아 있는 쉼으로 만들어가는 것.

Action Plan 3에서는 방금 발견한 '나의 쉼 유형'을 바탕으로 각 유형에 어울리는 구체적인 실천 가이드를 풀어낸다. 모두에게 정답은 없지만, 지금의 나에게는 가장 자연스러운 방향이 있다. 낯설던 쉼이 조금씩 손에 잡히는 형태로 다가오고, 어느 순간 일상이 된다. 책으로만 머물지 않기 위해, 감각과 리듬에 맞는 쉼을 스스로 짓기 위해, 지금 여기서부터 한 걸음씩. 쉼은 그렇게, 나를 닮은 얼굴로 완성된다.

우리는 각자의 속도와 색으로 살아간다. 누군가는 고요한 아로마 향기 속에서 가장 잘 쉬고, 어떤 이는 운동하며 땀을 흘릴 때, 또 누군가는 음악에 몸을 맡길 때 가장 깊은 쉼을 느낀다. 쉼이 필요하다는 사실은 같지만, 우리의 마음과 몸이 원하는 쉼의 방식은 다르다.

나에게 맞는 쉼을 찾는 첫걸음은 나 자신을 이해하는 것이다. 테스트는 그 시작점일 뿐, 이제는 그 결과를 바탕으로 내 삶에 닿는 쉼을 직접 선택해야 한다.

이 가이드는 당신의 쉼이 더 구체적으로, 더 일상적으로 스며들 수 있도록 돕는다. 지금 가장 '나다운' 쉼을 실천해보자. 그곳에서 우리는 진짜 쉼의 얼굴을 마주하게 될 것이다.

① 고요한 쉼 - 혼자만의 시간 속에서 내면을 안정시키는 쉼

이런 분들께 어울려요

사람들과 함께 있거나, 시끄러운 환경 속에서는 쉽게 지치고 피곤해지는 분들. 진짜 쉬고 싶을 때는 조용한 공간에서 혼자 있고 싶어지는 분들. 마음속의 생각이나 감정을 정리할 시간이 꼭 필요한 분들에게 추천합니다.

이 쉼의 핵심은 '자극 최소화'입니다.

바깥의 소음, 핸드폰 알림, 대화, 책임감에서 잠시 벗어나, 고요한 환경에 나를 맡겨보세요. 조용한 공간에 혼자 머물며, 생각이 정리되고 감정이 가라앉는 그 순간, 비로소 진짜 쉼이 시작됩니다.

추천하는 쉼 방법

- 아무런 말 없이 조용히 명상하거나, 싱잉볼 소리를 들으며 몸과 마음을 이완해보세요.

- 사람이 적은 카페나 도서관에서 천천히 책장을 넘겨보세요.

- 자연 속을 걸으며 물멍이나 불멍을 해보는 것도 좋아요.

- 일기나 감정 노트를 써서 마음속의 감정을 밖으로 꺼내보세요.

- 바디스캔 명상처럼 내 몸의 감각에 천천히 집중해보세요.

② 역동적인 쉼 - 몸을 움직이며 에너지를 정리하는 쉼

이런 분들께 어울려요

가만히 앉아 있는 것이 더 힘들고 답답한 분들. 오히려 몸을 움직일 때 머리가 맑아지고 기분이 전환되는 분들. 스트레스가 쌓이면 운동으로 풀고 싶은 분들께 딱 맞는 쉼입니다.

움직임 속에서 진짜 쉼을 찾는 사람들에겐, '재미'와 '변화'가 필요합니다. 단순한 운동이 아닌, 나에게 즐거움을 주는 활동, 새로운 자극을 주는 경험이 쉼의 본질이 될 수 있습니다.

추천하는 쉼 방법

- 가까운 산이나 트래킹 코스를 걸어보세요. 자연과 함께 움직이는 기분은 특별합니다.

- 요가나 필라테스, 몸의 흐름을 따라가는 플로우 운동도 추천합니다.

- 테니스, 배드민턴, 서핑처럼 스포티한 활동에 도전해보세요.

- 좋아하는 음악을 틀고 마음껏 춤을 춰보세요. 몸이 자유로워지면 마음도 가벼워집니다.

- 새로운 체험형 활동(예: 클라이밍, 스케이트보드 등)에 도전해보세요.

③ 감각적인 쉼 - 오감을 통해 몸과 마음을 이완하는 쉼

이런 분들께 어울려요

특정한 향, 소리, 촉감만으로도 마음이 편안해지는 분들. 말이나 생각보다는 감각을 통해 위로받는 분들. 따뜻한 물, 포근한 담요, 잔잔한 음악이 큰 힘이 되는 분들에게 감각적인 쉼을 추천드려요.

이 쉼의 핵심은 '감각 자극'입니다.

말 없이도, 움직이지 않아도, 좋은 향기나 촉감만으로도 쉼은 충분히 시작될 수 있어요.

추천하는 쉼 방법

- 라벤더나 샌달우드처럼 나를 편안하게 해주는 아로마 향을 맡아보세요.

- 따뜻한 물에 몸을 담그고, 가볍게 마사지를 받아보는 것도 좋아요.

- 싱잉볼이나 432Hz 힐링 음악을 들어보세요.

- 빗소리, 파도 소리 같은 자연 소리 ASMR을 통해 귀를 쉬게 해주세요.

- 부드럽고 포근한 담요를 덮고, 좋아하는 옷을 입어보는 것도 감각적인 쉼의 일부입니다.

④ 사회적 쉼 - 함께할 사람과의 교류를 통해 회복되는 쉼

이런 분들께 어울려요

혼자 있는 시간이 외롭고 불편한 분들. 대화와 교감을 통해 스트레스를 해소하는 스타일. 따뜻한 사람과의 연결 속에서 에너지를 얻는 분들에게 사회적 쉼이 꼭 필요해요.

쉼은 혼자일 필요 없습니다.

오히려 누군가와 진심 어린 대화를 나누는 것이 가장 큰 회복이 되는 순간도 있어요.

추천하는 쉼 방법

- 조용한 힐링 카페에서 친구와 따뜻한 차 한 잔 마시며 이야기 나누기

- 독서 모임이나 영화 감상 후 감상을 나누며 대화 나누기

- 쿠킹 클래스, 플라워 클래스처럼 함께하는 취미를 즐겨보세요.

- 가까운 곳으로 여행을 떠나, 새로운 기억을 나눠보는 것도 좋아요.

- 소셜 네트워킹을 통해 공감할 수 있는 커뮤니티에 참여해보세요.

⑤ 창의적인 쉼 - 창작하는 과정에서 에너지를 회복하는 쉼

이런 분들께 어울려요

무언가를 만들어내는 시간이 오히려 힐링이 되는 분들. 결과보다 그 과정을 즐기고, 그 안에서 나를 표현할 수 있을 때 쉼을 느끼는 분들에게 창의적인 쉼이 잘 어울립니다.

쉼이란, 나를 표현하는 시간일 수도 있습니다.

그림을 그리거나, 글을 쓰거나, 노래를 만들거나. 그 안에 나의 감정과 기억이 담기면, 그것은 최고의 위로가 됩니다.

추천하는 쉼 방법

- 에세이, 시, 일기처럼 자유롭게 글을 써보세요.

- 컬러링북을 색칠하거나, 나만의 그림을 그려보는 것도 좋아요.

- 레고나 DIY 키트, 도예 체험 등을 통해 손으로 만드는 시간을 가져보세요.

- 악기를 연주하거나, 짧은 멜로디라도 작곡해보세요.

- 새로운 요리 레시피를 따라 하며 나만의 창작 레시피를 만들어보는 것도 추천합니다.

⑥ 탐험적인 쉼 - 새로운 공간과 경험으로 마음을 전환하는 쉼

이런 분들께 어울려요

익숙한 일상보다는, 낯선 공간과 새로운 자극 속에서 오히려 더 편안함을 느끼는 분들. 정적인 휴식보다 '탐험'이 쉼이 되는 분들에게 권해요.

쉼이란, 나를 벗어난 곳에서 다시 나를 만나는 과정일 수 있습니다.

새로운 장소에서의 경험은 낯설지만, 그 속에서 익숙한 나를 더 깊이 들여다보게 만들어요.

추천하는 쉼 방법

- 평소 가보지 않았던 동네 카페나 맛집 탐방

- 미술관, 전시회, 소극장 공연 등 새로운 문화 경험

- 근교 로드트립, 짧은 여행

- 워케이션처럼 다른 장소에서 일하며 쉬기

- 낯설지만 흥미로운 취미 배우기 (도예, 서핑, 클라이밍 등)

⑦ 디지털 쉼 - 정보와 연결에서 벗어나 나를 회복시키는 쉼

이런 분들께 어울려요

SNS 피로감, 과도한 정보 소비에 지친 분들. 핸드폰을 내려놓지 않으면 쉬는 기분이 나지 않는 분들. 디지털과 거리를 두고 싶어하는 분들에게 추천합니다.

디지털 세상에서 잠시 멀어지는 것만으로도, 쉼은 시작됩니다.

무엇을 하지 않아도 됩니다. 단지 '기기 없는 시간'을 의도적으로 만드는 것, 그것이 디지털 쉼의 출발점이에요.

추천하는 쉼 방법

- 하루 동안 핸드폰과 SNS를 꺼두기

- 종이책 읽기, 손글씨 쓰기, 라디오 듣기

- 필름 카메라로 사진 찍고 인화해보기

- 90년대 감성의 하루 보내기 (옛날 게임, 음악 등)

⑧ 정신적인 쉼 - 생각을 정리하고 삶을 되짚어보는 쉼

이런 분들께 어울려요

감정보다 사고가 많은 분들, 생각이 많아 머리가 무겁고 복잡할 때 오히려 정적인 사고 정리가 쉼이 되는 분들. 철학적인 주제나 깊이 있는 대화를 통해 쉼을 느끼는 분들에게 적합합니다.

쉼은 때로, 생각의 정리가 주는 가벼움입니다.

혼자 조용히 앉아 마음속의 복잡한 실타래를 하나씩 풀어가는 시간, 그것만으로도 충분히 편안해질 수 있어요.

추천하는 쉼 방법

- 명상하며 내면을 들여다보기

- 철학, 심리, 인문 관련 독서

- 조용한 공간에서의 사색

- 미래에 대해 정리하고 삶의 방향을 되새겨보기

- 자기 탐색을 위한 글쓰기

⑨ 감정 정리 쉼 - 내 안의 감정을 해소하고 정돈하는 쉼

이런 분들께 어울려요

마음이 울컥하고, 눈물이 날 것 같고, 이유 없이 무기력한 날. 그 감정을 억누르기보다 흘려보내야 비로소 쉬는 분들에게 이 쉼이 필요합니다.

감정은 억제하는 것이 아니라, 흐르게 해야 비워집니다.

슬플 땐 울고, 외로울 땐 기록하고, 공감이 필요할 땐 누군가와 이야기하세요. 감정이 정리되면 마음이 훨씬 가벼워져요.

추천하는 쉼 방법

- 감성적인 영화나 음악 감상

- 울고 싶을 때, 울어보기

- 감정 일기나 노트 쓰기

- 심리 상담이나 코칭 받기

- 감정을 담은 글쓰기 (편지, 시, 에세이 등)

⑩ 일상 속 쉼 - 특별한 계획 없이도 매일 실천할 수 있는 쉼

이런 분들께 어울려요

거창한 여행이나 체험 없이도, 내 일상 속에서 소소하게 쉬고 싶은 분들. 바쁜 일상 속에서도 꾸준히 나를 돌보고 싶은 분들에게 맞는 쉼이에요.

쉼은 특별하지 않아도 충분합니다.

잠깐 커피 한 잔을 마시는 시간, 반려동물과 눈을 마주치는 순간, 하루의 끝에서 스스로를 다독이는 한마디. 이 모든 것이 쉼이에요.

추천하는 쉼 방법

- 홈카페, 홈브루잉으로 나만의 차나 커피 만들어 보기

- 인테리어 소품 바꾸거나 공간 정리해보기
  - 셀프 케어로 집을 호텔처럼 꾸며보기

- 따뜻한 차를 마시며 창밖 풍경을 감상하기

- 반려동물과 교감하는 시간

- 출퇴근길 1분, 이어폰을 빼고 창밖 보기

- 업무 중 1분, 깊은 심호흡과 기지개

- 자기 전 5초, "오늘도 고생했어"라고 스스로에게 말 걸어주기

가이드를 읽고 어떠셨나요?

쉼의 여러 결들을 천천히 읽어 내려오다 보면서,

어느새 마음속에 '나만의 쉼'이 조용히 떠오르지 않으셨나요?

그 쉼이 지금 당장 아주 작게라도 실천해보고 싶은 마음이 들었다면, 망설이지 말고 오늘 안에 한 걸음만 내딛어보세요.

완벽하지 않아도 괜찮아요.

내 몸과 마음이 진짜로 원하는 방향으로 단 한 걸음만 움직여도, 그 순간부터 당신의 하루는 분명 조금 더 다정하고 빛나게 시작될 테니까요.

,
에필로그

에필로그

죄송하지만, 앞으로도 잘 쉴 예정입니다

나는 왜 자꾸 '쉼'을 말하고 싶은 걸까.
이 책을 쓰는 내내, 마음속에 가장 자주 떠올랐던 질문이었다.

사람들은 종종 묻는다.
"왜 하필 쉼이냐고."

대답은 쉽지 않았다.
쉼은 누구에게나 익숙한 단어지만,
그 본질을 묻는 질문은 드물기 때문이다.

쉼은 누구나 알고 있다고 믿고,
굳이 배워야 할 것이라 생각하지 않으니까.

하지만 나는 쉼을 몰라 무너졌고,
무너지고 나서야 비로소 알게 되었다.

쉼은 삶을 지탱하는 뿌리라는 것을.

그제야 조금씩 깨달았다.
쉼은 지금, 우리 모두가 다시 배워야 할 언어라는 걸.

우리는 일하는 법은 배웠지만,
쉬는 법은 배우지 못한 채 어른이 되었다.
그래서 이 책을 쓰게 되었다.
잘 쉬고 싶지만, 어떻게 쉬어야 할지 모르는 사람들을 위해.

쉼은 멋진 루틴도, 완벽한 시간표도 아니다.
가끔은 휴대전화를 내려두는 일이고,
산책길에서 하늘을 한 번 더 올려다보는 일이고,
"오늘은 그냥 쉬어도 괜찮아"라고
나에게 말해주는 그 짧은 순간일지도 모른다.

당연하게도 이 책은 "쉬자. 놀자, 다 때려치우자"는 얘기가 아니다.
그 정도는 굳이 말하지 않아도 다 알 거라고 믿는다.
병원 신세 지지 않으려면, 중간중간 숨은 쉬고 가자는 거다.

에필로그를 쓰는 지금도, 어쩔 땐 '이것만 하면 될 것 같아' 하며
새벽까지 몰입하곤 한다. 그걸 조절하는 건 지금도 쉽지 않다.

그래도 수많은 시행착오 끝에 쉼에 서툴렀던 내가
나를 살리기 위해 조심스럽게 쌓아 올린 문장들이 여기에 있다.

이제 이 책을 덮는 당신에게 바란다.
쉼을 미루지 않기를.

그리고 쉼을 선택한 자신을,
더 이상 미워하지 않기를.

삶을 바꾸는 건 거창한 결심이 아니라,
가끔씩 나에게 쉼을 주는 그 한순간일 수 있다.

진짜 변화를 만드는 건,
아주 작고 사소한 쉼 하나일지도 모른다.

그리고 마지막으로,
쉬고 싶은 당신이 이상한 게 아니다.

나를 돌보기 위해 잠시 쉬는 것을
눈치 보게 만드는 세상,
그게 오히려 더 이상한 건 아닐까.

쉬고 싶은 마음이 들 때,
그 잠시의 여유조차 허락하지 않는 세상이라면,
정말 바꿔야 하는 건 우리의 의지가 아니라,
쉬는 순간 '밀려난다'고 느끼게 만드는 그 속도일지도 모른다.

— 앞으로도 잘 쉴 예정인 사람, 진경

,